영혼을 울리는
내 마음의 명작동화
― 부와 명예를 지켜주는 인생의 지침서

영혼을 울리는
내 마음의 명작동화
- 부와 명예를 지켜주는 인생의 지침서

초판 1쇄 인쇄일 | 2003년 7월 10일
초판 1쇄 발행일 | 2003년 7월 20일
출판등록 | 2002년 9월 7일
등록번호 | 제10-2452호
지은이 | 돈 후안 마누엘
옮긴이 | 김창민
펴낸곳 | 간디서원
펴낸이 | 신배철
공급처 | 크레파스
주　소 | 서울시 마포구 노고산동 124-6 (우 121-807)
전　화 | (02) 711-3094
팩　스 | (02) 715-5478
독자문의 E메일 | gandhibook@kornet.net

※ 잘못된 책은 구입처나 본사에서 바꿔드립니다.

영혼을 울리는
내 마음의 명작동화
― 부와 명예를 지켜주는 인생의 지침서

지은이 | **돈 후안 마누엘**　편역 | 김창민

간디서원

차례

1부 여우에게 치즈를 빼앗긴 까마귀
- 가장 믿는 신하를 시험한 왕 | 9
- 까마귀에게 속은 부엉이 | 19
- 바다로 뛰어든 영국왕 리처드 | 22
- 죽음 앞에 선 제노바인 | 32
- 여우에게 치즈를 빼앗긴 까마귀 | 36

2부 가난을 슬기롭게 이기는 법
- 간을 고양이 먹이로 줄 뻔한 남자 | 45
- 꿀항아리와 함께 깨진 어떤 여자의 꿈 | 48
- 아마씨 뿌리는 것을 본 제비 | 51
- 사자 앞에 선 두 말 | 55
- 수탉과 여우 | 59
- 가난을 슬기롭게 이기는 법 | 66
- 은혜를 모르는 대리 주교 | 69

3부 입에 쓴 약을 달게 만드는 법
- 사냥꾼의 눈물에 속은 메추라기 | 81
- 재물에 눈이 먼 사나이의 죽음 | 84
- 두려움을 견딘 기사이야기 | 88
- 명예로운 삶 | 95
- 마지못한 식사 초대에 응한 남자이야기 | 98

- 입에 쓴 약을 달게 만드는 법 | 101
- 이간질에 속은 사자와 소 | 108

4부 다리가 부러져 목숨을 건진 기사

- 개미가 살아가는 방법 | 117
- 세 왕자 이야기 | 120
- 진정한 남자 | 127
- 거짓 나무에게 생긴 일 | 139
- 왕을 속인 좀도둑 | 146
- 배신을 당했을 때 | 151
- 다리가 부러져 목숨을 건진 기사 | 160

5부 성격이 서로 다른 두 부부이야기

- 성격이 서로 다른 두 부부 이야기 | 169
- 죽은 척해야 했던 여우이야기 | 183
- 변덕스런 아내를 둔 남자이야기 | 186
- 서로 종을 치겠다고 싸운 두 성직자 | 190
- 매와 독수리 이야기 | 194
- 길잡이 소경 따라가기 | 198
- 난폭한 신부 길들이기 | 201

■ 역자 후기 | 211

제 1부
여우에게 치즈를 빼앗긴 까마귀

네 앞에서 교언영색하는 자는 바로 네 재산을 탐하는 자이며,
결정적인 속임수는 참말 같은 거짓말 뒤에 숨어 있다.

한번은 백작이 마을의 현자와 단 둘이서 대화를 나누고 있었다.

가장 믿는 신하를 시험한 왕

 한번은 백작이 마을의 현자와 단 둘이서 대화를 나누고 있었다.
 "현자여, 내가 좋은 친구라고 여기는 사람이 한 명 있는데 그는 명예도 있고 권세도 있는 사람이오. 그 사람이 일전에 은밀하게 내게 이런 말을 했소. 자기에게 일어난 몇 가지 일 때문에 이 땅을 떠나서 여하한 일이 있어도 돌아오지 않을 작정인데, 나와 친분도 있고 또 날 대단히 신뢰하고 있는 터라 내게 자신의 모든 재산을 맡기고 싶노라고 말이오. 그 중 일부는 팔아 달라고 하고 나머지는 관리를 해달라고 했소.
 그 사람이 그렇게 원하니 나로서는 대단히 명예로운 일

이기도 하고 큰 이득도 될 것 같소. 그대 생각은 어떤지 조언을 좀 해주었으면 좋겠소."

현자가 말했다.

"백작님. 백작님은 제 조언 따위가 필요하신 분이 아닙니다. 하지만 제 소견을 듣는 것이 백작님의 뜻이라니 말씀드려 보지요. 우선 백작님이 좋은 친구라고 생각하고 계신 그 사람이 그런 말을 한 것은 백작님을 시험해 보고자 한 것 같습니다. 이는 어떤 왕과 가장 믿는 신하 사이에 일어난 일과 매우 유사합니다."

어떤 왕이

자기 신하 중 한 명을 절대적으로 신뢰하고 있었습니다. 행운을 누리는 사람들에 대한 질투와 시기는 어느 시대, 어떤 곳에서도 있기 마련이라 그 사람이 누리는 총애와 행운에 대한 사람들의 시기 역시 대단했지요. 그래서 사람들은 그와 왕과의 사이가 틀어지도록 만들려고 했습니다. 그러나 아무리 여러 방법으로 설득을 해도 그를 신뢰하는 왕의 마음을 바꿔 놓을 수가 없었습니다. 뿐만 아니라 왕을 섬기는 그의

지극한 정성을 의심하게 만들지도 못했습니다.

사람들이 어떤 방법을 쓴다고 해도 원하는 대로 일을 성사시킬 수 없다는 것을 알았을 때, 그들은 왕에게 그 신하가 원하는 것은 왕이 빨리 죽어 왕의 어린 아들에게 왕위가 넘어가는 것이라고 거짓말을 했습니다. 일단 어린아이가 모든 왕실 재산의 주인이 되면 그 신하는 스스로 왕이 되려고 어린 왕을 죽일 것이라고 모함한 것입니다.

그때까지만 해도 그들의 말을 믿지 않던 왕도 이 말을 듣고 나자 그 신하를 예전처럼 믿지 못하고 경계하기 시작했습니다. 만약 일이 그렇게 되어서 모든 것을 잃게 된다면 그때는 후회해 봐야 소용 없을 것이라는 생각이 들었기 때문이었습니다. 분별 있는 사람이라면 그런 징후가 나타나기를 기다리고 있지만은 않을 테니까요. 이렇게 의심하고 경계하기 시작하자 왕은 차츰

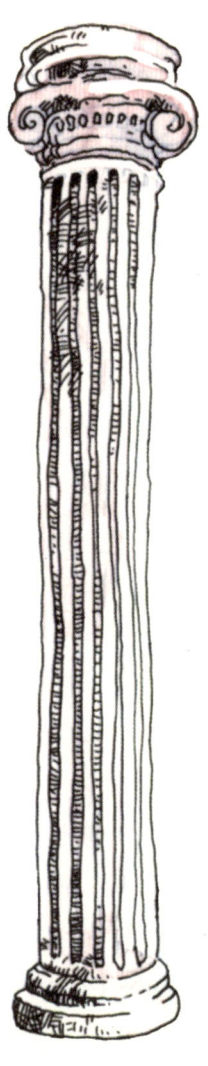

불안해지는 것이었습니다. 그러나 그것이 사실이라는 확신이 들 때까지는 그 신하에게 해가 될 만한 일을 하고 싶지는 않았습니다.

왕에게 그 신하를 모함한 사람들은 자신들이 말한 것이 사실임을 증명해 보이겠다고 왕을 속이고는, 왕에게 신하를 시험해 볼 방법 한 가지를 알려주었습니다. 왕은 그들이 알려준 방법대로 하기로 마음먹었습니다.

며칠이 지나 신하와 이런저런 이야기를 나누던 중 왕은 이승의 삶이란 아무런 가치가 없고 모든 것이 허망해 보인다고 말했습니다. 그리고 그 당장은 더 이상의 말을 하지는 않았습니다. 그러나 며칠이 지나 또다시 신하와 얘기를 나누게 되었을 때, 똑같은 이야기를 하면서 이승의 삶과 부귀영화에 대한 허무가 나날이 더해 간다고 얘기를 이끌어 갔습니다. 이 이야기를 몇날 며칠을 두고 몇 번이나 했기 때문에 그 신하는 드디어 왕이 덧없는 명예나 부는 물론이고 이 세상에 존재하는 그 어떤 것들에도 아무런 의미를 못 찾고 있다고 믿게 되었습니다.

그렇게 신하가 함정에 걸려들었다는 것을 알게 된 왕은 어느날 그에게 왕궁을 떠나 아무도 모르는 외딴 낯선 곳으로 가서 죄를 참회하기로 했다고 말했습니다. 그러면 하나님이 자신을 어여삐 여겨 영원한 광영을 얻도록 은총을 베풀어 주실 거라고 말하는 것이었습니다.

왕의 말을 듣고 그 신하는 매우 놀라며 온갖 방법으로 왕의 결심을 단념시키려고 노력했습니다. 만약에 왕이 굳이 그 나라를 떠나겠다고 한다면, 그것은 평화롭고 정의롭게 살아가는 숱한 백성들을 팽개치는 결과가 될 뿐만 아니라 다른 어떤 것보다도 신에 대한 불경한 짓이 될 거라고 말했습니다. 그리고 그가 떠나 버리면 분명 반란이 일어나고 나라가 혼란스러워져서 결국 신을 잘못 섬기는 결과가 될 것이고, 왕국은 큰 해를 입게 될 것이라고 말했습니다.

이 모든 것들을 차치한다손 치더라도 최소한 왕비와 홀로 남게 될 어린 아들을 생각해서라도 그 뜻을 굽혀야만 한다고 왕에게 간곡히 진언했습니다. 그래도 왕이 끝끝내 고집한다면 틀림없이 왕비와 어린 아들은 재산뿐 아니라 생명마저도 위험한 지경에 빠지게 되리라는 것이었습니다.

이 모든 말을 듣고 왕은 자신의 생각을 실천에 옮기기 전에 자기 부인과 아들이 왕국을 평화롭게 다스리면서 존경과 보호를 받을 수 있는 방도를 미리 생각해 두었다고 대답했습니다.

"나는 그대가 나를 잘 보좌해서 재산이 불어나도록 도

와주었다는 것과 언제나 충성을 다해 나를 올바르게 잘 섬겼다는 것을 알고 있으니, 세상 누구보다도 그대를 신뢰하고 있소. 그러니 그대에게 내 아내와 아들을 보호해 줄 것을 부탁하며 동시에 왕국의 모든 성과 땅을 지배할 수 있는 권력을 양도할 생각이오."

왕은 이렇게 말하는 것이었습니다.

그러면 누구도 감히 자기 아들에게 해가 될 만한 짓은 못 하리라는 것이었습니다. 그래서 언젠가 행여나 자신이 왕국으로 되돌아오게 된다 해도 그에게 위임한 모든 것들이 잘 관리되어 있을 것으로 확신한다고 말했습니다. 만약 자신이 죽음을 맞는 불행한 사태가 벌어지더라도 그가 왕비를 잘 섬길 것은 물론이요 자기 아들을 잘 키워서 아들이 왕의 직무를 맡아 현명하게 다스릴 수 있을 때까지 왕국을 잘 보존해 줄 것도 확신한다는 것이었습니다. 재산 역시 마찬가지로 완벽하게 관리해 줄 것으로 믿는다고 말했습니다.

왕이 자기에게 국사와 왕자를 맡기고자 한다는 말을 들었을 때, 그 신하는 그 말의 깊은 의미까지는 정확히 파악할 수 없었으나 내심 기뻐했습니다. 만약 모든 것이 자기 수중으로 들어온다면 자신에게 큰 득이 될 수도 있으리라고 생각했기 때문이었습니다.

그 신하는 집에 포로 한
명을 데리고 있었는데 그 포
로는 매우 현명한 철학자였
습니다. 그 신하가 해야 할
일이나 왕에게 해주어야 할 조언을 가르쳐 준 사람도 바
로 그 포로였습니다.

신하는 왕과 헤어지자 곧바로 포로에게 달려가 왕과의
사이에서 일어났던 모든 일을 이야기했습니다. 왕이 국사
는 물론 왕자까지 맡기겠다는 얘기를 했다고 하면서 기쁨
에 겨워 자기에게 돌아올 이득이 얼마나 클지를 알고 싶
다고 말했습니다.

그 철학자는 자기 주인이 왕과 나누었다는 대화 내용을
듣고는 왕의 제안을 기꺼이 수락한 것에 대해 대단히 큰
잘못을 범했다며 호되게 그를 책망하기 시작했습니다. 이
제 주인의 생명과 재산은 커다란 위험에 빠졌다는 것이었
습니다.

왕이 그런 말을 한 것은 그 일을 실제로 행동에 옮기려
는 뜻이 있어서가 아니라 몇몇 사람들이 왕으로 하여금
그를 시험해 보도록 부추긴 탓이라는 것이었습니다. 왕은
다만 그를 넌지시 떠본 것에 불과한데 면전에서 기뻐하는
모습을 보였으니 이제 주인의 생명과 재산은 아주 위험한

지경에 빠졌다고 했습니다.

　왕의 신하는 이 말을 듣고 아주 걱정이 되었습니다. 앞으로는 모든 일이 포로가 말해준 그대로 전개되리라는 것을 깨달았기 때문이었습니다. 그 현명한 철학자는 주인이 몹시 고통스러워하는 것을 보고는 앞으로 닥쳐올 위험에서 벗어날 수 있는 방법을 일러주었습니다.

　그날 밤 그는, 순례자들처럼 머리와 수염을 삭발하고 누더기옷을 입었습니다. 그리고 지팡이를 짚고 낡아 떨어져서 징을 댄 신발을 신은 채 누더기옷의 기워 잇댄 헝겊 사이에 상당량의 금화를 챙겨 넣었습니다. 그리고는 날이 밝기 전에 왕이 기거하고 있는 궁궐의 문 앞으로 가서 그곳을 지키던 문지기에게 사람들이 거리로 쏟아져나오기 전에 그 도시를 떠날 수 있도록 즉시 왕을 깨우라고 비밀리에 시켰습니다.

　그리고는 문 밖에서 왕을 기다렸습니다. 그 문지기는 왕과 가장 가까운 신하가 그런 몰골을 하고 있는 것을 보고는 매우 놀랐지만, 왕의 침실로 가서 시킨 대로 아뢰었습니다. 문지기의 말을 들은 왕은 깜짝 놀라서 그를 들여보내라고 명령하였습니다.

　왕은 신하가 하고 있는 행색을 보고는 왜 그 꼴이 되었냐고 물었고, 그는 왕이 당장 이 땅을 떠나고 싶어하는데 자신에게 베풀어 준 왕의 은혜를 잊고 이를 모른 척한다면 신이 용서하지 않을 것이라고 했습니다. 자신은 왕 덕분에 명예와 행복을 누렸으니 왕의 불행과 유랑생활도 같이 하는 것이 도리라고 생각한다고 대답했습니다. 왕은 부인과 아들 그리고 나라를 비롯한 모든 것에 대해 미련을 두지 않는데 자신이 그런 것들에 대해 미련을 둔다면 그것은 합당하지 않은 일이므로 왕과 함께 떠나겠다는 것이었습니다. 그리고는 왕의 뜻대로 아무도 왕을 알아보지 못하도록 섬기겠다고 했습니다. 그러기 위해서 자신의 옷 속에 둘이서 평생 먹고 살 수 있는 만큼의 돈을 가지고 간다고 하면서 떠나시려면 남들에게 발각되거나 알려지기 전에 지금 당장 떠나자고 말했습니다.

왕은 그가 하는 말을 듣고 그의 충성심에 탄복해 대단히 기뻐하면서 그때서야 이 모든 일이 그를 시험하기 위함이었다고 털어놓았습니다. 그 신하는 사람들의 시기심과 모함으로 위험에 빠질 뻔했지만 신은 그의 집에 있던 포로를 통해 그를 보살펴 주었던 것입니다.

"그러니 백작님, 백작님께서도 친구로 생각하고 계신 그 사람에 의해 시험당하는 것일 수도 있으니, 사양하는 것이 좋을 듯합니다. 그 친구분이 그런 말을 한 것은

백작님한테 무엇을 기대할 수 있을지 알아보기 위해서라고 믿으셔야 할 것입니다.

그러니 백작님은 그분이 백작님을 자기 편이며, 자기의 명예를 아껴 주고 그분의 그 어떤 것도 탐하지 않는다는 생각을 갖도록 말씀하셔야 합니다. 만약 친구 사이가 그렇지 못하게 된다면 우정은 지속될 수 없을 것입니다."

자기에겐 뻔히 해가 될 줄을 알면서
남을 위해 희생하는 사람이 있으리라고
믿지도, 바라지도 말라.

까마귀에게 속은 부엉이

어느날 백작은 현자에게 조언을 구했다.
"현자여, 나와 원수로 지내는 사람의 집에는 친척과 하인 그리고 그가 돌봐주고 있는 식객 한 명이 있다오. 그런데 하루는 그들끼리 크게 다투게 되어 이 식객이 몹시 모욕을 당했소. 그는 자신이 입은 피해를 괘씸히 여겨 복수하기로 마음먹고는 나를 찾아왔다오. 나는 쉽게 원수를 욕보일 기회를 얻게 되어 내심 무척 기쁘다오. 그러나 만약을 대비해서 당신의 지혜를 구하는 것이니 어디 당신 생각을 말해 보시오."
현자가 말했다.
"백작님. 결론부터 말씀드리자면, 그는 필경 당신을 속이고 있는 것입니다. 지금부터 들려드리는 까마귀와 부엉이 이야기를 한번 참고해 보십시오."

까마귀들과

부엉이들은 몹시 사이가 나빴는데 언제나 더 많이 당하는 쪽은 까마귀들이었습니다. 부엉이란 낮 동안에는 으슥한 동굴 속에 숨어 있다가 밤이 되어서야 나오는 종족 아닙니까. 부엉이들이 걸터앉아 밤을 보내는 나무는 원래 까마귀들의 잠자리였습니다. 부엉이들은 늘 잠든 까마귀들을 괴롭혀 상처를 입히고 또 심지어 죽이기까지 했습니다. 하루는 부엉이들에게 시달리던 까마귀들 중 영악한 한 놈이 다른 까마귀들에게 복수할 계책을 내놓았습니다.

그 계책이란 이러했습니다. 그 까마귀는 동료 까마귀들이 자신의 털을 간신히 날 수 있을 만큼만 남기고 몽땅 뽑은 뒤, 혼자만 버려둔 채 떠나도록 했습니다. 짐짓 학대당한 듯이 꾸민 그 까마귀는 부엉이들에게 가서, '이제는 부엉이들과 다투지 말자'라고 말해서 동료들에게 몰매를 맞았다고 울먹였습니다. 그리고는 자신은 이제 부엉이들이 원하기만 한다면 까마귀들을 괴롭힐 방책을 얼마든지 알려줄 용의가 있다고 덧붙였습니다.

그러자 부엉이들은 그 제안에 몹시 기뻐하며 그 까마귀

를 동지로 받아들이고 잘 대접해 주었답니다. 그러나 경험 많고 나이 지긋한 한 부엉이는 즉시 침입자의 계책을 알아차리고는 그 까마귀는 우리에게 해를 입힐 목적으로 동태를 살피러 온 첩자라고 우두머리 부엉이에게 경고했습니다. 그러나 동료들이 아무도 믿으려 하지 않았으므로 그는 홀로 무리를 떠나 피신해 버렸답니다.

부엉이들이 신임하는 사이에 깃털이 다 자라게 된 까마귀가 잠시 나가서 다른 까마귀들의 동태를 살펴보고 오겠으니 이제 곧 모든 까마귀를 죽일 수 있을 거라고 말하자, 부엉이들은 이를 흡족히 여겼습니다. 그리하여 그 까마귀는 동료들에게 돌아갈 수 있었고, 그로 인해 낮 동안은 잠을 자는 부엉이들의 생활방식을 알게 된 까마귀들은 쉽사리 그들을 전몰시킬 수 있었던 것입니다. 이 불행은 원수를 믿었기 때문에 일어난 일이지요.

"그러니 백작님, 당신을 찾아온 사람이 당신의 원수에게 은혜를 입었다면 경계하십시오. 그로 인해 당신이 곤궁에 빠질 수도 있는 것입니다."

당신을 찾아온 사람이 당신의 원수에게 은혜를 입었다면 경계하라.

바다로 뛰어든 영국왕 리처드

하루는 백작이 그의 조언자인 현자와 방에서 이야기를 나누고 있었다.

"현자여, 나는 그대의 지혜로움을 익히 알고 있소. 그대가 이해할 수 없거나 조언할 수 없는 문제라면 세상에 그것을 해결할 수 있는 사람은 아무도 없다는 것을 말이오. 그러니 지금부터 내가 하는 말을 듣고 가능한 한 제일 좋은 방도를 알려주기 바라오.

그대는 내가 더 이상 젊은이가 아니라는 것을 알고 있소. 태어나서 오늘날까지 난 언제나 전쟁의 와중에서 자라고 살아 왔소. 그때마다 난 항상 다른 왕들이나 나의 신하들, 백성들과 힘을 합쳤소. 그러니 본의 아니게 많은 사람들을 해치기도 했소. 하지만 이제는 내 나이가 나이인지라, 필연적으로 맞게 될 죽음을 생각하지 않을 수 없소. 그런데 이 문제에 대해서는 세상의 그 누구도, 세상의 그 어떤 것도 나를 안심시켜 줄 수 없다는 것을 알게 되었소.

언젠가 우리의 심판관이신 신 앞에 나아가게 되겠지만

그 앞에서 난 어떤 말, 어떤 방법으로도 용서를 구할 수가 없을 것이오. 난 더도덜도 말고 내가 행한 선행이나 악행만큼의 심판을 받게 될 것이오. 불행하게도 내게 악행이 더 많다면 신은 필시 나를 처벌하실 것이오. 그런데 내겐 지옥의 고통 속으로 빠지지 않게 해달라고 용서를 구할 만한 어떤 구실도 없고, 내가 영원히 그 지옥 속에 머무르게 된다면 이승에서 내가 누리고 있는 모든 것들은 아무런 소용이 없다는 것도 잘 알고 있소.

만약 신이 내게 은혜를 베풀어 나를 당신의 종들 중 하나로 선택하거나 내가 천국의 희락을 누릴 만한 선행을 쌓게 하신다면 세상의 어떤 즐거움도 그 행운, 그 즐거움, 그 영광에 비길 수 없다는 것 또한 잘 알고 있소. 행운을 누릴 것인지 아니면 불행에 빠질 것인지 하는 이런 중대한 문제가 다 나의 행실에 달렸으니, 내 처지와 상황을 염두에 두면서 그대가 알고 있는 최고의 조언을 해주기를 부탁하는 바요. 내 죄를 회개하고 신의 은총을 받을 방도가 무엇인지 알려주시오."

현자가 말했다.

"백작님, 백작님의 말씀을 들으니 대단히 기쁘군요. 특히 백작님께서 처한 상황에 따라 조언을 해달라시니 더욱 그러합니다. 만약 다른 방식으로 조언을 부탁하셨더라면 일전에 말씀드린 왕과 가장 믿는 신하의 이야기처럼 나를 시험하시는 것으로 알았을 것입니다.

그 외에도 대단히 기쁜 것은 백작님께서 그 왕처럼 백작님의 나라와 명망을 버리시지 않은 채 신께 저지른 실수를 만회하고 싶어하시니 더욱 그러합니다. 만약 백작님께서 백작님의 나라를 버리고 물러나 버리신다면 백작님에 대한 평판이 대단히 나빠질 것입니다. 왜냐하면 모두들 백작님께서 분별력이 없어서 자기들처럼 좋은 사람들 사이에서 사는 것을 싫어한 탓이라고 여길 것이기 때문입니다.

다음에 들려드릴 얘기는 신께서 어떤 고매한 은자 앞에 나타나셔서 그와 영국의 왕 리처드에게 앞으로 일어나게 될 일이라고 알려주신 것입니다."

옛날에 어떤 은자가 있었습니다.

그 사람은 많은 선을 행하며 훌륭한 삶을 살아가던 사람이었습니다. 그리고 신의 은총을 얻기 위해 힘든 고행도 마다하지 않는 사람이었습니다. 그의 정성이 그렇게 지극했으므로 신께서 그에게 천국의 영광을 누리게 해주시겠다고 약속하셨습니다.

그 은자는 신께 감사를 드리고는 이제 모든 것이 확실해졌다고 생각하고 천국에서 누가 자기의 동료가 될 것인지 알려달라고 청했습니다. 신께서는 천사 한 명을 보내서 그런 것을 청하는 것은 잘하는 짓이 아니라고 전했습니다. 그런데도 그가 자꾸만 간청하자 신께서는 은혜를 베풀어 소원을 들어주기로 하고 천사를 보내 천국에서 그의 동료가 될 사람은 영국의 왕 리처드라고 알려주었습니다.

그 은자는 그 사실이 별로 마음에 들지 않았습니다. 왜냐하면 그는 리처드 왕을 아주 잘 알고 있었기 때문입니다. 리처드 왕은 엄청난 싸움꾼에다가 많은 사람들을 죽이고 약탈하면서 그들의 대를 끊어 놓은 자였습니다.

은자는 그 왕이 언제나 자신과는 정반대의 삶을 사는 것을 지켜보아 온 탓에 구원과는 완전히 거리가 먼 사람이라고 여겨왔으므로 대단히 기분이 상해 있었습니다.

신께서는 다시 천사를 보내어 은자에게 그 사실에 대해 놀라지도 말고 불평하지도 말라고 전했습니다. 리처드 왕은 한번의 싸움을 통해 은자가 평생 쌓아온 선행에 의한 것보다도 더 신을 잘 섬겼으며, 따라서 은자보다 더 많은 은총을 받을 자격을 갖추고 있다는 것이었습니다. 은자는 깜짝 놀라서 그게 어떤 일이었는지 물었습니다. 그러자 천사가 다음과 같은 이야기를 들려주었습니다.

프랑스 왕과 영국 왕 그리고 나바라의 왕이 울트라마르 지방을 항해하고 있었습니다. 다음날 항구에 도착한 그들은 모두들 무기를 챙긴 후, 배에서 내리려고 했습니다.

그런데 그때 엄청난 수의 모로족이 해안에 모여서 그들이 배에서 내릴 수 있는지 지켜보고 있었습니다. 그러자 프랑스 왕이 영국의 왕에게 사람을 보내 자기 배로 와서 어떻게 해야 할지 의논을 하자고 청했습니다. 말을 타고 있던 영국 왕은 이 말을 듣고 프랑스 왕의 사신을 불러 다음과 같이 전하라고 했습니다.

'자기는 하나님의 분노를 살 만한 짓을 여러 차례 저질렀으며 그 외에도 이 세상에서 수많은 잘못을 저질렀다는 것을 알고 있다. 그래서 언제나 자신의 온몸을 바쳐 죄를 회개할 수 있는 기회가 오기를 빌어 왔는데 신의 은총으로 마침내 그렇게도 원하던 그날이 왔다'는 것이었습니다.

 '만약 이곳에서 죽는다면 자신이 고국을 떠나기 전에 그렇게도 빌어 왔던 참회를 하는 셈이 되어 신께서 자신의 영혼을 구원해 주실 것이요, 자기가 만약 모로족들을 쳐부순다면 신은 그것을 대단한 선행으로 여겨 주실 거라고 확신하고 있기 때문에 자기는 모험을 감행해 볼 생각'이라는 것이었습니다.

 영국 왕은 자신의 육체와 영혼을 모두 신의 뜻에 맡기고 가호를 빌면서 부하들에게 자기를 따르라고 명령했습니다. 그리고는 말에 박차를 가하며 해변에 있는 모로족들을 향해 바다로 뛰어내렸습니다. 비록 항구에서 가까운 곳이긴 했지만 바다는 그다지 얕지가 않아서 왕과 왕의 말은 물 밑으로 가라앉아 다른 사람들에게는 보이지 않게 되었습니다.

 그러나 신께서는 그가 '신이시여, 당신은 이 죄인의 죽음을 원하시는 것이 아니라 회개해서 살아남기를 원하십니다'라고 기도했던 것을 기억하고는 그를 구해서 육신의 죽음으로부터 벗어나 영생을 누릴 수 있게 해주었습니다. 그러자 그는 물에서 빠져나와 모로족들을 향해서 달려갔습니다.

 영국 병사들은 이 광경을 보고는 왕의 뒤를 따라 모두

바다로 뛰어들어 적들을 공격하기 시작했습니다. 이를 본 프랑스 병사들도 용기를 얻고 바다로 뛰어들어 모로족을 공격했습니다.

모로족들은 그들이 죽음도 무릅쓴 채 두려움 없는 마음으로 돌격해 오는 것을 보고는 더 이상 버티지 못하고 항구 뒤편으로 물러나더니 급기야 도망치기 시작했습니다. 병사들은 육지에 도착하자 닥치는 대로 모로족들을 무찔렀습니다. 이 일이 바로 영국 왕 리처드가 전쟁을 통해서 쌓은 선행이었습니다.

은자는 이 말을 듣고 큰 기쁨을 느꼈습니다.

"그러니 백작님. 만약 백작님의 죄를 참회하고 싶으시다면 백작님이 조그마한 해라도 입혔다고 생각하는 사람들에게 선을 베푸십시오. 백작님은 백작님의 죄를 회개하셨으니 차후로는 이승의 헛된 영화에 집착하지 마십시오. 그리고 이익을 따져 행동하라고 권하는 사람들의 말을 들을 때에는 반드시 성공의 가능성이 있는지, 결말이 어떨지 그리고 그런 행동을 한 사람들에게 어떤 일들이 생겼는

지 따져본 연후에 믿으셔야 합니다.

 백작님! 백작님께서는 자신의 잘못들을 회개하고 싶다고 말씀하셨습니다. 그렇게 하십시오. 그러나 헛된 영화를 쫓지는 마십시오. 신께서 백작님께 이 땅을 주셨으니 백작님은 이 땅에 살면서 백성들이 안전하게 지낼 수 있는 그날까지 바다와 육지에서 모로족들과 싸우는 것으로 지난날의 잘못을 회개하실 수 있습니다. 그렇게 하신다면 백작님께서는 훌륭한 삶을 사시는 것이옵니다. 이것이 바로 백작님의 영혼을 구원하고 나라를 보전하는 최고의 방법이며 명예를 지키는 길입니다.

 신을 섬기기 위해서는 일찍 돌아가셔서도 안 되고 백작님의 영토를 떠나셔도 안 된다는 것을 명심하셔야 할 것입니다. 제가 말씀드린 대로 그렇게 신을 섬기다가 돌아가신다면 백작님은 순교자가 될 것이요 행복한 생을 누리신 분이 될 것입니다.

비록 전쟁에서 돌아가시는 것이 아니라고 해도 백작님의 그 뜻과 선행만으로도 충분히 순교자가 되셔서 설령 사람들이 백작님에 대해서 나쁜 말을 하고 싶더라도 그러지 못할 것입니다. 왜냐하면 모든 사람들은 백작님이 나쁜 악마의 꾐에 빠져 허황한 속세의 광영을 추구한 것이 아니라 신의 종으로서 해야 할 의무를 조금도 태만히 하지 않았다는 것을 알게 될 것이기 때문입니다.

백작님, 백작님께서 제게 조언을 청하신 바대로 백작님의 처지에 가장 적합하게 영혼을 구원할 수 있는 최고의 방법은 바로 이것입니다.

자, 이제 저는 백작님이 청하신 조언을 해드렸습니다. 백작님의 처지에 알맞으면서도 영혼을 구원받을 수 있는 최고의 방법으로 추천하건대 그 싸움에서 영국 왕 리처드가 했던 것과 유사한 방법으로 행동하셔서 훌륭한 삶을 사시기를 바랍니다."

신의 종이 되고자 하는 사람은 특정 교단에 들어가거나 세상을 등지고 은둔하려고만 할 것이 아니라, 영국의 왕이 보여 준 행동이 더욱 가치 있다는 것을 깨달아야 할 것이다.

죽음 앞에 선 제노바인

"현자여, 신의 자비로움으로 지금의 내 영지는 아주 안정되고도 평화로운 상태에 있소. 나는 이 모든 것이 나의 이웃과 동료들 그리고 많은 다른 사람들의 덕분이라고 생각하고 있소. 몇몇 사람들이 내게 모험을 해보라고 권했는데 난 그들의 충고대로 할 용의가 있소. 그러나 난 그대를 믿고 의지하고 있으니 그대와 얘기를 나누면서 내가 어떻게 해야 하는지에 대한 그대의 조언을 들어보기 전에는 일에 착수하고 싶지가 않소."

현자가 말했다.

"백작님, 백작님께서 가장 적당하게 처신하시려면 어떤 제노바인에게 일어났던 일을 아시는 것이 좋겠습니다."

백작이 그 이야기를 청하자, 현자가 이에 정중히 말을 잇는다.

그 제노바인은
아주 부유하고 행복한 사람이었습니다. 그런데 나쁜 병에 걸려 자신이 곧 죽게 되리라는 것을 안 그는 친척들과 친구들을 불렀습니다. 모든 사람들이 주위에 모여앉자 자기 부인과 자식들도 데려오도록 시켰습니다. 그는 바다와 육지가 한눈에 내려다 보이는 아름다운 저택에 살고 있었는데 자기의 모든 보물과 보석도 가져오도록 했습니다. 그가 시킨 일이 다 이루어지자 그는 자신의 영혼과 아래와 같은 대화를 나누었습니다.

"나의 영혼이시여, 그대가 나를 떠나려 하는 것을 잘 알고 있소. 만약 그대가 내 마누라와 아이들을 원한다면 그대가 원하는 대로 그들을 여기 데려다 두었소. 만약 그대가 내 친척이나 친구들을 원한다면 착하고 명예로운 그들이 여기 모두 모여 있소. 금은 보화나 값진 비단, 재화를 원한다면 여기 전혀 부족함이 없을 정도로 많이 가져다 놓았소. 그대에게 큰 명성과 부를 안겨다 줄 선박이나 큰 범선을 갖고 싶다면 여기 가지시오. 그리고 지금 이곳에 가져다 놓지는 못했지만 다른 것들도

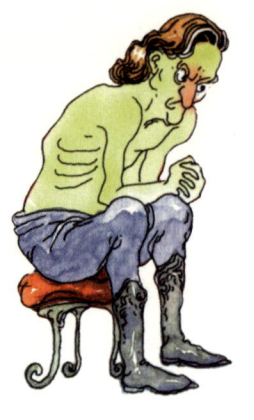
얼마든지 있소. 비옥한 경작지나 아름답고 풍성한 과수원을 원한다면 이 창문 밖을 내다보시오. 아니면 사냥을 하며 즐기는 데 필요한 말이나 노새, 매나 사냥개가 필요하신가요? 그대를 즐겁게 해줄 가수, 아니면 좋은 침대와 응접실, 그리고 생활하는 데 필요한 모든 것들이 잘 구비된 좋은 저택이 필요하신가요? 여기 다 있으니 모두 가지시오. 그래도 만족스럽지 못하고 성에 차지 않아 나와 함께 하고 싶지 않다거나 내가 줄 수 없는 그 어떤 것을 더 원하신다면 만약 그렇다면, 화를 내며 떠나도 좋소. 그것이 나쁘다고 원망한다면 그 사람이 어리석은 사람일 것이오."

"백작님, 백작님은 하나님의 은혜를 입어 부귀도 영화도 누리면서 평화로이 지내고 계십니다. 따라서 제 생각으로는 백작님이 이것들을 버리고 그들이 충고한 대로 행하신다면 그것은 옳은 처사가 아니라고 여겨집니다. 그들이 그런 말을 한 것은, 불손하게도, 백작님께서 만약 그 일에 말려 드시게 되면 그때는 백작님도 어쩔 수 없이 그들이 하자는 대로 하실 수 밖에 없다는 것을 알고 있기 때문입니다. 만약 백작님이 위기에라도 처하신다면 그때는 백작님께서 그들의 요구를 들어줄 수 밖에 없을 것이란 계산을 하고 있기 때문입니다. 이는 지금은 그들이 백작님 뜻을 따를 수 밖에 없는 것이나 마찬가지 이치입니다. 백작님께서는 지금 평안하게 살고 계신데 그들은 그렇지 못하니까 혹시 백작님께서 무슨 문제에 휩쓸리게 되면 그들은 그 틈을 타서 자기들의 장원을 일으켜 세울 수 있을 것으로 생각하고 있는 것입니다. 만약 그렇게 되면 그 제노바인이 자기의 영혼에게 간청할 수 밖에 없었던 것과 유사한 사태가 벌어지게 될 것입니다. 그러니 저의 충고는 이러합니다. 아무 부족한 것 없이 평화와 안정을 누리는 명예로움을 유지하고 계시는 한 모험 따위에는 빠지지 마셔야 한다는 것입니다."

백작은 현자가 해준 충고를 감사히 생각하고 만족하여 그대로 따랐다. 그 이야기의 교훈을 요약할 새로운 글을 짓는 대신 이야기 끝에 까스띠야 지방의 할머니들이 자주 말하는 다음 속담을 덧붙였다.

좋은 자리를 차지하고 앉았으면 그 자리에서 일어나지 말라.

여우에게 치즈를 빼앗긴 까마귀

한번은 백작이 그의 조언자 현자와 이야기를 나누고 있었다.

"현자여, 나의 친구 한 명이 명예로 보나 권세로 보나 또 선한 마음씨로 보나 내게는 남다른 기품이 있다며 나를 한껏 추켜세우기 시작했소. 이렇게 나를 추키더니, 얼핏 듣기에 내게 상당히 득이 될 것 같은 거래를 하자고 제의해 왔소."

백작은 현자에게 자기가 제안받은 그 거래가 무엇인지 이야기했다. 그러나 현자는 득이 될 것 같은 그 거래와 친구가 한 감언이설의 이면에는 속임수가 숨어 있다는 것을 즉시 알아차렸다. 그래서 백작에게 이렇게 말했다.

"백작님, 그는 백작님을 속이기 위해 백작님의 권세와 형편을 실제보다 부풀려서 이야기한 것 같습니다. 그가 백작님에게 쓰려고 하는 속임수에 걸려 들지 않으려면 까마귀와 여우 사이에 일어났던 일을 아시는 것이 좋겠습니다."

어느날 까마귀 한 마리가 큰 치즈 조각을 발견하고는 남들에게 빼앗기거나 먹는 데 방해를 받을까봐 치즈를 가지고 나무 위로 올라갔습니다. 때마침 나무 밑을 지나고 있던 여우 한 마리가 치즈를 물고 있는 까마귀를 발견하고는 어떻게 하면 치즈를 뺏어 먹을 수 있을까 하고 궁리하기 시작했습니다. 그러더니 여우는 이렇게 말했습니다.

"까마귀님, 오래 전부터 당신의 고귀함과 고운 자태에 대한 얘기를 많이 들어왔습니다. 그래서 당신을 참 많이도 찾아다녔지만 하늘도 무심하게 지금까지 내게는 당신을 만나 뵐 만한 기회가 없었답니다. 그런데 지금 이렇게 당신을 만나고 보니, 당신은 내가 익히 들어 왔던 것보다 훨씬 더 기품이 넘쳐 보이는군요. 내 말이 단순한

아부가 아니라는 것을 보여 드리기 위해 당신의 기품과 우아함을 낱낱이 열거해 보겠습니다.

당신의 검은색은 보통의 다른 색깔처럼 아름답지 않다고들 하죠. 그리고 당신 역시 깃털부터 눈, 부리, 다리 그리고 발톱까지 완전히 새까맣다고 하면서 그것이 당신의 흠이라고 겸손해합니다. 물론 당신은 새까맣습니다. 그러나 비록 당신의 깃털이 검긴 하지만 당신의 그 검은 빛깔은 세상에서 가장 아름다운 새인 공작의 깃털처럼 푸르스름한 빛을 발합니다.

또한 당신의 눈도 검습니다. 그러나 검은 눈은 다른 어떤 색깔의 눈보다 아름다운 것입니다. 원래 눈이 하는 역할이란 본다는 데 있는 것이고, 검다는 것은 시력이 좋다는 것을 의미하기 때문입니다. 그러므로 검은 눈이 최고랍니다.

당신의 부리나 발톱 역시 당신만한 크기의 다른 어떤 새들보다도 강합니다. 그리고 아무리 거센 바람도 거슬러 날 수 있는 당신의 그 신속한 비행술을 따르지 못할 것입니다. 다른 어떤 새도 당신처럼 그렇게 가볍게 날지는 못할 것입니다.

신이 세상만물을 창조하실 때에는 다 합당하게 창조하셨으니 신은 이 모든 것을 갖춘 당신이 다른 새들보다 노래를 못하게 창조하지는 않으셨을 것입니다. 오늘에야 신은 내가 당신을 만나 볼 수 있는 기회를 주셨고, 이제 나는 당신이 이제껏 들어온 이야기보다 훨씬 더 기품이 있다는 것을 알게 되었습니다. 그러니 이참에 당신의 목소리까지 들을 수 있다면 나는 아마도 이 세상에서 가장 행복한 존재가 될 것입니다."

그 까마귀는 여우가 온갖 말로 자기를 칭송하는 것을 듣고는 정말이지 옳은 말만 한다고 생각되어 자신의 노래를 듣고 싶어하는 것도 틀림없이 진실일 거라고 믿었습니다. 여우가 그런 말을 한 것이 자신의 치즈를 빼앗기 위함이었다고는 꿈에도 생각하지 못한 까마귀는 그를 친구로 생각하기에 이르렀습니다. 여우가 자기에게 여러 가지 칭찬을 해가며 노래를 들려줄 것을 간청했으므로 까마귀는 노래를 부르기 위해 입을 열었습니다.

그러나 까마귀가 입을 열자마자 치즈는 땅바닥으로 떨어졌고 여우는 재빨리 그것을 물고 달아나 버렸습니다. 그 까마귀는 실제의 자기보다 더 우아한 자태와 완벽한 조건을 가지고 있다고 믿었기 때문에 여우에게 속아넘어간 것이었습니다.

"그러니 백작님, 비록 여우가 한 말들이 일리가 있다고 해도 여우의 진짜 속셈은 까마귀를 속이려는 데 있다는 사실을 꿰뚫어보셔야 합니다. 결정적인 속임수나 죽음을 부를 정도의 해악은 참말 같은 거짓말 뒤에 숨어 있다는 것도 아셔야 합니다.

하나님이 백작님께 여러 면에서 많은 은혜를 베푼 것은 사실이지만 그 사람이 그런 말을 한 것은 백작님이 실제보다 훨씬 더한 권세와 명예, 선한 마음씨를 가지고 있다고 믿도록 만드려는 의도 때문이라는 것을 아셔야 합니다. 그러니 그 말은 백작님을 속이기 위함이라는 것을 아시고 그를 경계하시는 것이 올바른 판단이고 행동일 것입니다."

네 앞에서 교언영색하는 자는 바로 네 재산을 탐하는 자이며,
결정적인 속임수는 참말 같은 거짓말 뒤에 숨어 있다.

제 2 부
가난을 슬기롭게 이기는 법

절대로 가난 때문에 낙심하지 말라,
반드시 그대보다 더 가난한 사람이 있을 테니.

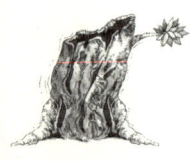

한번은 백작과 그의 조언자 현자가 이렇게 이야기하고
있었다.

간을 고양이 먹이로 줄 뻔한 남자

한번은 백작과 그의 조언자 현자가 이렇게 이야기하고 있었다.

"현자여, 나는 요즘 돈이 넉넉하지 못해 괴롭다오. 그래서 마음은 아프지만 내가 가장 아끼는 보물을 팔아 버리든가 아니면 다른 방도를 생각해 봐야 할 것 같소. 지금 처해 있는 이 어려운 상황에서 벗어나려면 그 방법밖에 없소.

내 주변에는 그동안 내가 고생해서 모은 돈을 요구하는 자들이 너무나 많다오. 그 사람들한테는 그 돈이 그리 필요하지 않다는 것을 잘 알고 있는데도 말이오. 이런 경우에는 어떻게 해야 하는지 일러주오."

현자는 말했다.
"백작님, 백작님과 그 사람들 사이에 있는 일은 어떤 병자에게 일어난 일과 비슷하군요."

어떤 환자가 심하게 병을 앓고 있었습니다. 그를 본 의사들은 갈비뼈를 들어내고 간을 꺼내 약물로 닦지 않으면 낫지 않을 것이라고 했습니다.

그 남자가 수술을 받으며 고통스러워 하고 있고, 의사가 간을 꺼내 손에 들고 있을 때 마침 그곳에 있던 어떤 사람이 의사에게 그 간을 자기 고양이의 먹이로 주겠다며 달라고 했답니다.
 과연 그 남자는 자기 간을 그 사람에게 주었을까요?

 "백작님, 어려움을 겪어 가며 모은 돈을 별로 필요로 하지도 않는 사람들에게 주신다면 그건 그 남자가 자기 간을 다른 사람에게 주는 것과 마찬가지로 어리석은 행동이라고 말씀드리고 싶습니다."

> 그리 필요치 않은데도 불구하고 남들이 요구한다고
> 재물을 줘 버린다면 그것은 어리석은 행동이다.

꿀항아리와 함께 깨진 어떤 여자의 꿈

하루는 백작이 현자와 이야기를 나누고 있었다.

"어떤 사람이 내게 세상의 모든 일들은 쇠사슬처럼 서로 연결되어 있다는 것을 보여 주면서 어떻게 하면 그것을 잘 이용할 수 있는지 가르쳐 주었소. 만약 그가 내게 말한 대로만 된다면 그것은 내게 큰 이득이 될 것 같소."

그 이야기를 들은 현자는 이렇게 말했다.

"백작님, 저는 헛된 망상이 아니라 확실한 것을 추구하는 것이 상식이라고 들어왔습니다. 허황된 것에다 기대를 건다면 그 사람에게는 도냐 뜨루아나라는 여인에게 일어났던 일과 같은 일이 일어날 것입니다."

지독히 가난한 여인이 있었습니다.

어느날 그 여인은 머리에 꿀항아리를 이고 장으로 가고 있었습니다. 길을 가면서 그녀는 그 꿀을 팔면 달걀 한 줄을 사야겠다고 생각했습니다. 그 달걀을 부화시키면 닭이 나올 것이고, 그러면 그 닭을 판 돈으로 양을 사고 또 소를 사고 그렇게 계속하면 다른 이웃들보다 훨씬 부자가 될 것이라고 생각했습니다.

그 여인은 상상 속의 재산을 가지고 이런 생각들을 하기 시작했습니다. 아들, 딸은 어떻게 결혼시킬까? 며느리와 사위들이 두루두루 모여 사는 그 거리를 어떻게 뻐기며 지나 다닐까? 그렇게 가난하던 내가 큰 재산을 모았으니 사람들이 그 행운에 대해 뭐라고 말할까? 생각이 여기에 이르자 자신의 밝은 앞날이 너무나 행복해 보여서 그녀는 큰소리로 웃어대기 시작했습니다. 너무나 기뻐한 나머지 그녀는 자신의 이마를 치며 웃었고 그 순간 꿀항아리는 바닥에 떨어져서 박살이 났습니다. 깨져 버린 항아리를 본 그녀는 꿀항아리로부터 얻게 될 것이라고 생각했던 모든 것을 잃었다는 것을 알고는 너무나 비통하게 울었습니다. 허황된 것에 모든 희망을 다 걸고 있었는데 결국 그녀가 생각했던 것들이 아무것도 이루어지지 않았기 때문이었습니다.

내 마음의 명작동화

"백작님, 사람들이 백작님께 하는 말이나 백작님께서 기대하시는 것들이 확실한 것이기를 바라신다면 언제나 그런 일들이 타당한 근거가 있는지 혹시나 허황한 기대는 아닌지 따져 보셔야 합니다. 지금 누리는 행운을 잃지 않으시려면, 확실하지 않은 이익을 바래 지금 손 안에 있는 것을 거는 모험은 하지 마셔야 합니다."

하늘을 나는 두 마리 새보다는
내 손 안의 한 마리 새를 더 소중히 여겨라.

아마씨 뿌리는 것을 본 제비

하루는 백작이 현자와 대화를 나누고 있었다.

"현자여, 사람들이 이런 말을 하는 것을 들었소. 나보다 권세 높은 주변 사람들 몇 명이 모여서 나에게 해를 입히기 위해 함정을 파는가 하면 나쁜 음모도 꾸미고 있다고 하오. 나는 그 말을 믿지도 않고 의심조차도 하지 않소. 허나 그대는 현명한 사람이니 이 일에 대해서 어떻게 처신해야 할지 조언을 좀 해주었으면 하오."

현자가 말했다.

"백작님, 제 생각에는 백작님께서 이 일에 대해 어떻게 처신하는 것이 좋을지 아시려면 어떤 제비와 다른 새들 사이에 일어났던 일을 아시는 것이 좋겠습니다."

제비 한 마리가

어떤 사람이 밭에 아마씨를 뿌리고 있는 것을 보았습니다. 지혜로운 제비는 만약 아마씨가 다 자라면 사람들은 그것으로 새 잡는 그물이나 올가미를 만들게 되리라는 것을 알았습니다.

그래서 다른 새들을 찾아가서 불러모아 놓고 어떤 사람이 아마씨를 뿌렸는데 만약 그 씨가 자라면 큰 해를 입게 될 것이 틀림없다고 말했습니다. 그러니 그 씨가 싹트기 전에 어서 그곳으로 가서 씨를 다 파헤쳐 버리자고 제안했습니다. 모든 일이 다 그렇듯, 초창기에는 그 해악을 뿌리뽑기 쉽지만, 시간이 지나면 불가능해지기 때문이라는 것이었습니다. 그러나 다른 새들은 그 말을 농담으로만 받아들일 뿐, 도무지 곧이들으려 하지 않았습니다. 제비는 끈질기게 설득했지만, 다른 새들은 이에 대해 신경쓰지 않을 뿐 아니라 자기가 한 말을 들은체 만체 한다는 것을 알았습니다.

이윽고 그 아마는 싹이 터서 이제는 뽑아 버리고 싶어도 새들의 발톱이나 부리로는 어쩔 수 없을 만큼 자라게 되었습니다. 그제서야 새들은 아마가 다 자라면 자기들이 해를 입게 될 것이고 이제는 그것을 피할 도리가 없다는 것을 알게 되었습니다. 과거에 제비의 말을 듣지 않았던 것을 뼈저리게 후회했지만 이미 때는 늦어 있었습니다.

한편 다른 새들이 자신들에게 닥칠 위험에 대해 전혀 관심도 없고 신경도 쓰지 않자 위험을 느낀 제비는, 도리어 아마씨를 뿌린 그 사람에게로 날아가서 그의 보호 아래 있기로 결정했습니다. 그렇게 해서 훗날 제비는 자신과 후손들의 안전을 도모할 수 있었습니다.

그때부터 제비는 사람들의 보호 아래서 살게 되었고 사람들을 믿고 의지하게 된 것입니다. 반면에 제비의 경고에 귀 기울이지 않던 다른 새들은 날이면 날마다 그물과 올가미에 의해 사냥을 당해야 했습니다.

"그러니 백작님, 백작님께서 앞으로 닥칠지도 모른다고 말씀하신 그 피해를 입지 않으시려면 일이 벌어지기 전에 미리 대비를 하고 주의를 기울이셔야 합니다. 일이 터지고 나서야 그 일에서 벗어나려고 하는 사람은 현명하지 못한 법입니다. 자기에게 무슨 해로운 일을 안겨

다 줄 소지가 있는 어떤 징후나 움직임에 직면해 그런 일이 벌어지지 않도록 예방책을 강구하는 사람을 현명한 사람이라고 하는 법입니다."

자기에게 해를 입힐지도 모르는 일이 있다면
처음부터 대비해야 한다. 왜냐하면
모든 일은 초기에는 그 해악을 뿌리뽑기가 쉽지만
시간이 지나면 어렵기 때문이다

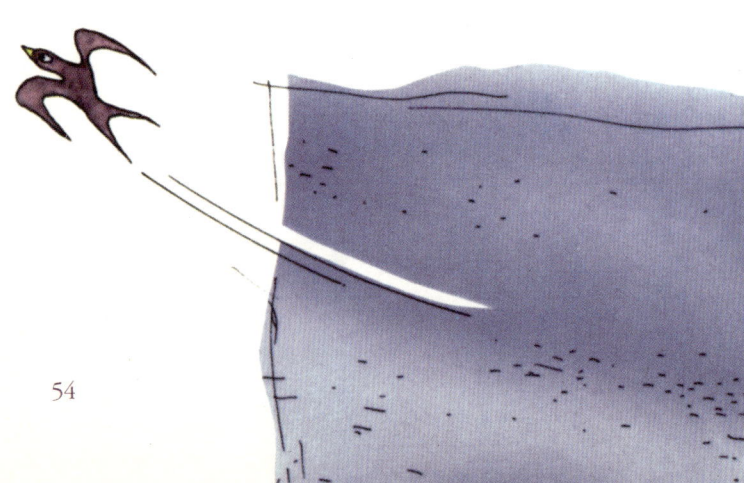

사자 앞에 선 두 말

하루는 백작과 그의 조언자 현자가 이런 이야기를 나누고 있었다.

"현자여. 오래 전부터 내게 많은 해를 끼치고, 무척 괴롭히는 원수가 한 놈 있소. 우리는 서로 하는 일이 다를 뿐만 아니라 마음도 맞지 않다오. 그런데 최근 들어서 우리 두 사람보다 더 세력 있는 자가 나타나서는 우리에게 큰 해가 될 일을 하고 있다 하오.

일이 이렇게 되니, 그동안 원수로 지내던 그 놈이 이젠 화해하고 이 자로부터 서로를 지키기 위해 힘을 합치자고 제의해 오지 않았겠소? 둘이 합심한다면 서로를 확실히 지켜낼 수 있지만 따로 떨어져 있다면 우리가 두려워하는 그 자에게 둘 중 하나가 손쉽게 제거될 거라고 말이오. 그렇게 된다면 남아 있는 한 사람도 살아남지 못할 것은 불 보듯 뻔한 일이라오.

나는 지금 어떻게 해야 할지 큰 고민이라오. 한편으로는 그 놈이 나를 속일까 두렵기도 하고 말이오. 일단 그 놈과 가까워지게 되면 내 목숨은 이미 나의 것이 아닐 것이오. 둘이 가까이 지내게 된다면 내가 그를 믿고 그가 나를 믿는 것이 당연한 이치겠으나, 실은 그 점이 몹시 불안하오. 반대로 만약 내가 그 놈의 제의를 거절한다면 이미 말했듯이 큰 화를 당하게 될 것이오. 당신을 믿고 당신의 지혜를 알고 있으니, 지금 내가 행해야 할 바를 부디 알려주기 바라오."

현자는 말했다.

"백작님, 백작님께서 지금 제게 요구하시는 것은 대단히 중요하고도 위험한 일입니다. 이 문제에 대한 답을 얻으시려면 튀니지에서 헨리 왕자를 모시던 두 기사에게 있었던 일을 아시는 것이 좋을 듯합니다."

튀니지에서 헨리 왕자를 모시던

기사가 두 명 있었지요. 그들은 매우 친해서 한시도 떨어져 있으려 하지 않았습니다. 두 기사는 각자 말을 한 마리씩 가지고 있었는데 이 두 마리 말은 주인들과는 반대로 서로를 미워했다는군요. 두 기사는 따로 살 만큼 재산이 넉넉하지 못했지만 서로 증오하는 애마들 때문에 같은 집에서는 살 수가 없었지요. 이렇듯 불편한 생활을 하던 중 두 기사는 더 이상 참지 못하고 궁에서 사자를 기르고 있던 튀니지 왕에게 그 말들을 줘버릴 것을 헨리 왕자에게 부탁하였습니다.

헨리 왕자는 사정의 내막을 이해하고 튀니지 왕에게 이 사실을 알렸지요. 이 왕은 즉시 말들을 사들여 사자를 가두어 놓은 우리에 함께 넣어 버리도록 하였습니다. 한 우리에서 만나게 된 말들은 끔찍할 정도로 서로 물고 뜯으며 싸움을 벌였지요. 그때 한쪽에 갇혀 있던 사자를 풀어 놓았습니다. 사자를 보자 두 말은 사시나무마냥 떨기 시작했습니다. 그리고는 조금씩 서로에게 다가서게 되었지요. 한동안 아주 가깝게 있던 말들은 같이 사자를 향해 움직이기 시작했답니다. 그리고는 물어뜯고 걷어차고 하며 사자를 몰아붙였습니다. 사자는 종전에 갇혀 있던 우리로 쫓겨났고 말들은 목숨을 보존할 수 있었지요.

그 후부터 이 두 동물은 절친한 사이가 되어 같은 구유에서 먹고, 같은 마구간에서 잤다고 합니다. 둘이 가까워진 이유는 사자에 대한 두려움 때문이었지요.

"백작님께서 그 원수가 두려워하는 자로부터 자신을 보호하기 위해 백작님을 필요로 하고 지난날의 나쁜 기억을 다 잊으려 한다고 믿으시면, 그 두 마리 말들이 가까워져 불신을 없애고 서로를 믿을 수 있게 된 것처럼 백작님도 옛 원수에 대한 신뢰를 가져 보십시오. 그가 당신에게 해를 끼치지 않고 신의를 지킨다면 그를 믿는 것이 잘하는 일이며 타인에게 화를 입지 않도록 서로 돕는 것이 현명할 것입니다. 사람은 때로 그 사람이 밉더라도 이웃과 좋은 관계를 유지해야만 타인이 우리에게 저지를지 모르는 악행을 면할 수 있습니다.

그러나 그의 행동을 보아 위험이 지난 후에 당신을 해칠 수 있으며 신의를 지키지 않는다는 것을 예측할 수 있으면 그를 돕는 것은 우매한 일이므로 가능한 한 빨리 그를 멀리 하는 것이 좋을 것입니다. 위험에 처한 자가 자신을 구해 주는 사람에 대한 나쁜 마음을 버리지 못한다면 기회가 닿을 때마다 복수하려고 들 것이기 때문이지요."

낯선 적으로부터 살아남으려면 원수와도 화해해야 되지만,
믿을 수 없는 사람이라면 결코 방심하지 말라.

수탉과 여우

언젠가 한번은 백작과 현자가 이렇게 서로 이야기하고 있었다.

"현자여, 내 지배하에 있는 땅이 넓다는 것을 그대도 알고 있소. 그러나 그런 만큼 걱정거리도 많다오. 짜임새 있게 요새화된 곳이 있는가 하면 허술한 지역도 있고, 또 어떤 곳은 내 권력이 아예 미칠 수 없을 만큼 멀리 떨어져 있기도 해서 나보다 우세한 자들과 맞서야 할 때면 스스로 내 친구라거나 고문임을 자청하는 자들이 내게 겁을 준다오.

내 관할지역 안이라고 하더라도 절대로 멀리 떨어진 곳에는 가지 말고 나의 힘이 미치고 안전한 곳에만 머무

르라고 말이오. 내 그대의 충성심과 박식함을 알고 있으니 이 상황에서 내가 어찌 해야 하는지 알려주기 바라오."

현자는 말했다.

"백작님, 앞으로 어떤 방향으로 전개될지 모르는 일에 대해서는 확실한 주장을 할 수 없습니다. 때로는 생각했던 것과 다르게 일이 일어나기 때문입니다. 나쁘다고 판단했던 것이 좋아지는 경우가 있으며 그 반대로 좋다고 생각했던 것이 때로는 나쁘게 될 때도 있습니다. 이런 이유 때문에 미래를 점칠 수 없는 일에 관해 충고할 때면 몹시 괴롭습니다. 그 충고가 적절했다면 당연히 해야 할 일을 했을 뿐이므로 굳이 감사의 말을 들을 까닭이 없으나, 올바른 충고를 하지 못하면 그 화가 조언을 한 사람에게 떨어지기 때문입니다.

지금 충고를 원하시는 상황은 대단히 불투명하고 위험

하므로 제 의견을 접어 두었으면 합니다만, 백작님께서 이렇게 물으시니 회피할 길이 없군요. 충고를 드리기에 앞서 수탉과 여우의 이야기를 들려드리도록 하겠습니다."

시골 농장에

많은 암탉과 수탉을 기르는 남자가 있었습니다. 그 수탉 중 한 마리가 집에서 꽤 떨어진 곳에서 아무 겁 없이 돌아다니고 있었지요. 그때 여우 한 마리가 이 수탉을 보고는 잡아먹을 시기를 노리며 몰래 따라다니기 시작했습니다. 수탉은 이를 눈치채고 농장 한가운데에 외로이 서 있는 나무 위로 날아올랐지요.

수탉이 달아나자 여우는 진작 덮치지 않은 것을 후회하며 어떻게 하면 그 닭을 잡을 수 있을까 하고 머리를 굴리기 시작했습니다. 그리곤 잠시 후 나무 밑으로 가서는 수탉에게 달콤한 목소리로 절대로 해를 끼치지 않을 테니 내려와 가던 길을 계속 가라고 했습니다. 그러나 수탉은 여우의 말을 들으려 하지 않았지요. 듣기 좋은 말로는 닭을 속일 수 없다는 것을 알게 된 여우는 자기를 믿지 않은 대가로 큰 화를 입을 것이라며 협박을 했습니다. 그러나 안전한 곳에 자리를 잡고 있던 수탉은 여우가 보호해 주겠다고 하든, 협박을 하든 아랑곳하지 않았답니다.

더 이상 말로는 되지 않는다는 것을 깨달은 여우는 나무 밑동을 갉아먹으며 꼬리로 세차게 후려치기 시작했습니다. 그러자 불쌍한 수탉은 지레 겁을 먹고 공포에 떨기 시작했습니다. 여우의 행동이 단지 겁을 주기 위한 것이며 해를 끼칠 수 없다는 생각은 못했던 거지요. 무조건 겁에 질린 수탉은 다른 나무로 옮기는 것이 더 안전할 거라는 생각을 하고는 겨우겨우 날아서 옆에 있는 나무로 갔습니다.

수탉이 겁을 집어먹은 것을 눈치챈 여우는 집요하게 따라가 닭이 이 나무에서 저 나무로 계속 옮겨다니도록 만들었습니다. 결국 공포 때문에 정신을 잃은 닭은 나무에서 떨어졌고 여우에게 그만 잡아먹히고 말았습니다.

"백작님, 그 누구의 협박이나 거짓된 충고 때문에 두려워하거나 이유 없이 놀라지 마시고 위험이 있을 법한 일은 신중히 행하십시오. 멀리 떨어져 있는 땅 한 치라도 지키기 위해 항상 싸우셔야 하며, 많은 부하를 거느리고 충분한 물자를 지니셨으니 중심부에서 멀리 떨어진 지역이 든든하지 않다고 두려워하지 마십시오.
근거 없는 두려움 때문에 변방을 방치해 두신다면 그

내 마음의 명작동화 63

땅들로부터 시작하여 야금야금 당신이 설 땅을 모두 잃게 될 것이 분명합니다. 왜냐하면 변방을 지키는 것을 소홀히 하는 것을 적이 알게 되면 그것을 빼앗으려 더욱더 날뛸 것이기 때문이지요. 백작님은 그들이 설치는 것을 보시면 더욱 겁에 질리게 될 것이고 소유한 것을 몽땅 빼앗길 때까지 싸움은 끝나지 않을 것입니다.

반면, 처음부터 백작님 것을 지키신다면 안심하고 편히 지내실 수 있을 것입니다. 수탉이 처음에 자리잡았던 나무에 그대로 있었더라면 화를 면할 수 있었을 것처럼 말입니다. 이 예는 요새를 가진 모든 사람에게 유용하다고 봅니다. 요새를 포위하려고 나무로 집이나 성을 올리는 것을 보고 두려워할 이유가 하나도 없으니까요. 이런 짓은 포위된 사람에게 겁을 주기 위한 것일 뿐입니다.

그리고 한 말씀 더 드리지요. 벽을 타고 넘거나 땅을 파지 않고는 그 어떤 요새도 점령할 수 없습니다. 그러나 성벽이 높다면 사다리가 그 꼭대기까지 닿지 않을 것이며 땅을 파기 위해서는 많은 시간이 필요합니다. 요새가 함락되는 것은 그것을 지키는 사람들이 공포에, 특히 이유 없이 공포에 떨기 때문입니다. 실제로 백작님처럼 세력 있는 사람이든 백작님보다는 못한 사람이든 무슨 일을 시작하기 전에 상황을 잘 관찰하고 난 후 확고한 태도로 밀고 나가야 합니다. 일단 일을 시작했으면 쉽게 놀라거나 이유 없이 겁을 먹어서는 안 됩니다.

위험이 닥쳤을 때 살아남는 자는 도망치는 자가 아니라 싸우는 자입니다. 늑대의 공격을 받은 작은 강아지가 버티고 서서 으르렁거리면 그 위험에서 벗어날 수 있지만, 큰 개일지라도 도망치면 늑대가 따라가 죽일 것입니다."

거짓된 충고나 협박 때문에 두려움에 떨거나 놀라지 말고,
당당하게 자신을 지켜야만 화를 면할 수 있다.

가난을 슬기롭게 이기는 법

하루는 백작이 현자에게 이렇게 말했다.

"현자여, 신이 내게 과분한 은혜를 베푸셨다는 것을 알고 있소. 재산의 기반은 튼튼하며 나는 명예로운 삶을 살고 있소. 그러나 가끔 아주 가난에 쪼들리면 어쩌나 하는 생각을 한다오. 그러면 살기조차 싫어지는 것이오. 부탁하건대, 그럴 경우엔 어떻게 해야 하는지 알려주오."

현자는 말했다.

"백작님. 그럴 경우의 마음을 위로하려면 대단한 부자였던 사람들에게 일어난 일을 아시면 좋을 것 같군요."

무슨 일이었는지 이야기해 달라고 백작은 현자에게 부탁했다.

내로라 하는 부자였던 두 사내가 있었는데 그 중 한 명은 극심한 가난에 빠져 입에 풀칠할 것조차 없었답니다. 유일하게 얻을 수 있었던 것은 콩(루핀)을 조금 띄운 국 한 대접이었지요. 그 쓰디쓴 것을 먹으며 신세를 생각하니 부족한 것 없었던 옛 시절이 생각나 서글픔에 잠겼습니다. 눈물을 하염없이 흘리며 콩 껍질을 등뒤로 버리고 있었는데, 뒤에 인기척이 나서 돌아보았습니다. 그곳에서 그가 버린 콩 껍질을 주워먹고 있는 남자가 있었고 그는 바로, 부자였던 두 사내 중 다른 한 사람이었지요.

쓴 콩을 주워먹던 사내가 껍질을 주워먹는 이에게 어떻게 하다 그렇게 되었느냐고 물었습니다. 그러자 껍질을 먹던 사내가 한때는 콩을 먹는 이보다 더 부자였으나, 지금은 하도 가난하여 콩 껍질을 벗기는 그를 보자 먹을 것이 해결돼 반가워 어쩔 줄을 몰랐다고 하였지요. 이 말을 들은 남자는 자신보다 더 가난한 사람이 있다는 것을 알고 크게 위안을 얻었습니다. 그 후로는 마음을 추스리고 신의 힘을 빌어 그 불행한 상태에서 벗어나 아주 행복하게 살았다고 합니다.

"백작님께서는 신의 섭리는 사람이 원하는 것을 모두 가지지 못하도록 한다는 것을 이해하셔야 합니다. 원하는 것 모두는 아니더라도 신이 당신께 은혜를 베푸셔서 편하고 정직하게 살 수 있으니, 돈이 모자라 어려운 때가 있더라도 낙심하지 마십시오. 백작님보다 더 부유하고 더 곧은 사람들도 어려운 때가 있어 당신이 식구들에게 제공하는 것만큼만이라도 자신의 가족에게 제공할 수 있다면 아주 행복하다고 자처할 수 있으니까요."

백작은 현자가 한 말을 의미깊게 듣고 위안을 얻었다. 그 후 노력하였고 신의 보살핌을 받아, 그 어려운 상황을 극복할 수 있었다. 백작은 이 예화를 높이 평가하고 책에 기록할 것을 명령했다. 더불어 다음과 같은 글을 적도록 하였다.

절대로 가난 때문에 낙심하지 말라,
반드시 그대보다 더 가난한 사람이 있을 테니.

은혜를 모르는 대리주교

하루는 백작이 현자에게 자신의 경험담을 이야기해 주었다.

"현자여, 어떤 남자가 도움을 청하러 왔는데 그 대가로 내게 이롭고 명예로운 일은 무엇이든지 해주겠다고 했소. 나는 할 수 있는 데까지 그를 도와주었는데, 그 문제가 채 마무리되기도 전에 그 사람의 도움이 필요한 일이 내게 생겼다오. 그러나 자기 문제가 내 덕분에 잘 해결되었다고 하던 그 사람이 정작 내가 도움을 청하자, 양해를 구하며 거절했소. 그 후에도 나를 도울 수 있는 기회가 또 있었는데 내가 도움을 청할 때마다 매번 거절했소. 이런 경우에 어떻게 해야 할지 잘 알려주기 바라오."

현자가 말했다.

"백작님, 백작님께서 어떤 태도를 취하셔야 하는지 아시려면 똘레도에 거주했던 대학자 일란과 산티아고 지방의 대리 주교 사이에 있었던 일을 아시는 것이 좋겠군요. 그 이야기는 이렇습니다."

산티아고에 강령술을 배우고 싶

어하는 대리 주교가 있었는데, 똘레도의 일란이라는 학자가 그 분야에 통달해 당대의 그 누구보다도 마술에 뛰어나다는 소문을 들었습니다. 그래서 그는 강령술을 배우기 위해 곧장 똘레도에 있는 일란의 집으로 찾아갔습니다.

학자는 집에서 외따로 떨어진 방에서 독서를 하고 있었지요. 그는 손님을 정중히 맞이하기는 했지만, 점심 식사 이후까지는 방문 이유를 듣고 싶지 않다고 했습니다. 일란은 손님이 편하게 기다릴 수 있도록 많은 배려를 하며 그의 방문을 환영한다고 덧붙였습니다.

식사가 끝나자 두 사람은 방으로 갔고 대리 주교는 방문 목적을 설명하며 마술을 전수해줄 것을 간곡히 부탁했습니다. 그러자 일란이 대답하기를, 당신은 사회 상류층인 대리 주교로서 아주 높은 직위까지 오를 수 있을 텐데, 은혜를 너무도 쉽게 잊어버리는 여느 고위직 사람들처럼

마술을 배우고 난 후에는 가르쳐 준 사람의 은혜를 잊을까 두렵다고 했습니다. 대리 주교는 가르쳐만 주면 그가 소유한 모든 것을 내놓겠다고 했지요. 이런 이야기를 하다 보니 점심부터 저녁이 가까울 때까지 시간을 보내고 말았습니다.

긴 이야기 끝에 마침내 합의에 도달하자, 일란은 마술이라는 학문은 한적한 곳에서만 배울 수 있다고 하며 대리 주교를 밀실로 이끌었습니다. 그리곤 하녀를 불러 메추라기를 저녁거리로 준비하되 그의 지시가 있기 전까지는 요리를 시작하지 말라고 일렀습니다.

대리 주교와 마술사는 좁은 복도를 지나 아름답게 조각된 층계를 내려가기 시작했습니다. 한참을 내려가 층계가 끝나자 좋은 가구와 읽어야 할 책들이 가득 차 있는 아주 아늑한 방에 들어갈 수 있었답니다. 그는 자리를 잡고 앉아 어떤 책들을 먼저 들춰 봐야 할지를 생각하기 시작했지요. 그러던 중 두 남자가 들어와 대리 주교의 삼촌인 주교가 보낸 편지를 전했습니다.

그 내용인즉 주교가 심한 병에 걸려 목숨이 오락가락하니 살아 있는 그의 마지막 모습을 보려면 당장 오라는 것이었습니다. 이 편지를 받은 대리 주교는 마음이 무척 아팠습니다. 삼촌의 병환이 마음에 걸렸고, 다른 한편으로는 이제 막 배우기로 한 마술을 그만두어야 한다는 것이 내키지 않았습니다. 결국 그렇게 빨리 포기할 수는 없다고 결정하고 삼촌에게 보낼 편지를 썼습니다.

그 후 3, 4일이 지나자 상복을 입은 남자들이 몇 명 와서는 대리 주교에게 주교의 사망 소식과 그 뒤를 이을 사람을 지명하기 위해 온 교회 사람들이 모여 있다는 것을 알렸습니다. 모두들 신앙심을 가지고 그를 지명하고 있으나 그 사실이 확정될 때까지 모습을 보이지 않는 것이 좋을 것이므로 대기하고 있으라 전했지요. 7, 8일 정도 지난 후에 잘 차려입은 하인 두 명이 나타나 그의 손에 입을 맞추고는 그를 주교로 임명하는 증서를 보여 주었습니다.

이 소식을 들은 일란은 대리 주교가 자신의 집에서 이런 희소식을 받게 되어 정말 기쁘다고 하면서, 신의 은총을 받아 직위가 상승했으니 이제는 비게 된 대리 주교 자리에 자신의 아들을 앉혀 달라고 부탁했답니다. 그러나 새 주교는 대리 주교의 자리를 자신의 동생에게 양보해 달라고 양해를 구하고는 일란의 아들에게는 교회의 다른 직위를 주겠노라고 약속했습니다. 그러면서 일란과 그 아들에게 산티아고로 같이 가줄 것을 제안했지요.

그래서 그들은 모두 산티아고로 가게 되었습니다. 그곳에 도착하자 그들은 아주 성대한 환영을 받았습니다. 그

도시에서 얼마 동안 지낸 후 주교는 교황이 보내는 편지를 받았습니다. 그 편지는 주교를 똘로사 지역의 대주교로 임명하며 산티아고의 주교를 지명할 수 있는 권한까지도 준다는 것이었습니다.

이를 알게 된 일란은 이번에는 꼭 자기 아들을 임명해 달라고 부탁했지요. 그러나 주교는 그 자리를 자기 삼촌에게 양보해 달라고 했습니다. 일란은 언짢은 마음을 표시하고 앞으로 잘해 주기 바란다고 말했습니다. 대주교는 그렇게 할 것을 약속하며 함께 똘로사로 가줄 것을 부탁했습니다.

그 도시에 도착하자 세상의 모든 위대한 사람들이 다 나와 그들을 환영했지요. 그곳에서 2년을 지내자 이번에는 대주교를 추기경으로 임명하는 편지가 도착했습니다. 더불어 똘로사의 대주교 자리에 그가 원하는 사람을 앉힐 수 있는 권한도 주어졌습니다.

일란은 다시 빛을 받아낼 양으로 지금까지 계속 요구사

항을 들어주지 않았으니 이번에는 똘로사 대주교 자리를 자기 아들에게 내주지 않을 이유가 없다고 했습니다. 그러나 추기경은 대주교의 자리를 평생 착하게 살아온 자신의 늙은 외삼촌에게 양보해 줄 것을 간청했습니다. 그 대신 추기경이 되었으니 교황청이 있는 곳까지 동행하면 좋은 기회가 많을 것이라고 했지요. 일란은 내키지 않았지만 추기경이 하자는 대로 로마까지 따라가게 되었습니다.

그곳에 다다르자 추기경을 비롯한 교황청의 사람들이 그들을 크게 환영했습니다. 일란은 자기 아들을 배려해 달라고 끊임없이 요구했지만 추기경은 막연한 대답만 할 뿐이었습니다.

그러던 중 교황이 사망하고 추기경이 그 자리에 오르게 되었습니다. 일란은 그에게 더 이상 약속을 회피할 길이 없다고 했지요. 그러자 교황은 이제 더는 자신을 귀찮게 하지 말라며 기회가 닿으면 약속을 지키겠다고 했습니다.

일란은 화를 내며 그가 약속을 전혀 지키지 않은 것을

비난하기 시작했습니다. 처음부터 그가 의심스러웠으며 아무것도 지키지 않은 것으로 보아 이제 더 이상 믿을 수 없다고 했습니다. 그러자 교황은 투덜거리는 소리에 질렸다며 계속 잔소리를 한다면 사기꾼에다 이교도라는 명목으로 감옥에 처넣을 것이라고 협박했다지 뭡니까. 일란이 똘레도에서 하던 일은 마술뿐이었으니 말이지요.

이 말을 들은 일란은 그가 추기경을 위해 한 일이 얼마나 부질없었는지를 깨닫고 이별을 고했습니다만 교황은 먼 길을 떠나는 일란에게 음식물 하나 챙겨 주지 않았습니다. 그러자 일란은 교황에게 그가 음식을 주지 않으니 그들이 처음 만난 날 저녁으로 준비하라고 한 메추라기를 먹을 수밖에 없다고 하며 하녀를 불러 요리를 시작하라고 했습니다.

일란의 명령이 떨어지자 교황은 갑자기 처음 똘레도에 왔을 때처럼 대리 주교의 신분이 되어 그 도시에 와 있는 것이 아니겠습니까. 대리 주교는 자신의 처지가 너무도 수치스러워 할말을 잃고 말았습니다. 일란은 그가 어떤 사람인지 잘 알았으니 메추라기를 나누어줄 생각이 없다며 잘 가라고 내쫓아버렸습니다.

"백작님, 고맙다는 인사조차 할 줄 모르는 사람을 위해 그리 많은 일을 하지 마십시오. 그럴 때면 똘레도의 일란에게 보답할 줄 몰랐던 대리 주교와 같은 사람을 위해 노력하거나 위험을 감수하시면 안 된다는 것도 한번 생각해 보시기 바랍니다."

미천한 자리에 있을 때 도움을 받고도 보답할 줄 모르는 자는 높은 자리에 오를수록 더욱 배은망덕해진다.

제 3 부

입에 쓴 약을 달게 만드는 법

진실을 따르고 거짓을 멀리 하라.
거짓은 또다른 거짓을 낳기 마련이다.

언젠가 현자와 이야기하던 중 백작은 이렇게 말했다.

사냥꾼의 눈물에 속은 메추라기

언젠가 현자와 이야기하던 중 백작은 이렇게 말했다.
"현자여, 때때로 사람들이 내게 고약한 일을 할 때가 있소. 내 재산이나 부하들에게 해를 입히고 난 후에 그 사실에 대해 깊이 후회하고 있으며 당시에는 그럴 수밖에 없었다고 내 앞에서 변명을 한다오. 이럴 때에는 내가 어떻게 해야 하는지 알고 싶으니 의견을 말해 주오."
현자는 말했다.
"백작님, 백작님이 고민하고 계시는 그 문제는 메추라기 사냥을 하던 한 남자에게 일어난 일과 꽤 유사하군요."

한 남자가 메추라기를 잡기

위해 그물을 쳤습니다. 메추라기가 그물에 걸리자 사냥꾼이 다가와 한 마리씩 죽이면서 그물에서 빼내고 있었지요. 마침 세찬 바람이 불어 사냥꾼은 먼지로 인해 눈물을 흘렸습니다. 그때 아직 그물 안에서 목숨을 부지하던 메추라기 한 마리가 다른 메추라기들에게 이렇게 말했습니다.

"친구들아, 저것 좀 보시오. 이 남자는 비록 우리의 목숨을 빼앗아 갔지만 마음으로는 우리를 불쌍히 여겨 눈물을 흘리고 있지 않소."

방금 이렇게 말한 메추라기보다 좀더 현명해 사냥꾼의 그물을 피할 수 있었던 다른 메추라기가 그 근처를 지나다가 이 얘기를 듣고 이렇게 빈정거렸습니다.

"무슨 소리야. 내가 당신의 경우라면 나는 그물에 걸리지 않은 것을 신께 감사하겠소. 그리고 앞으로도, 나와 내 친구들을 죽이고 난 다음에 마음 아파 우는 사람의 손에는 절대 걸리지 않게 해달라고 빌겠소."

"백작님, 당신을 해치면서 그 일로 마음이 아프다고 하는 사람들을 만나면, 부디 조심하십시오. 단, 실제로 악의 없이 그런 일을 저지른 사람이 있을 수도 있습니다. 그렇다면 평소의 태도를 보고, 그 행동이 불가피했고 진실로 마음 아파한다고 판단되면 눈감아 주십시오.
그러나 실수하는 일이 자주 있어서 당신께 화를 입히거나 명예를 계속 훼손해서는 안 된다는 조건이 성립되어야 합니다. 그 반대로 계속 그런 행동을 하는 자가 있다면 멀리 내쳐서 당신의 재산과 명예를 보존하십시오."

짐짓 괴로운 척하며 해를 끼치는 자를 만나게 되면
그를 멀리할 궁리를 하라.

재물에 눈이 먼 사나이의 죽음

하루는 백작이 그의 조언자 현자에게 자신의 재산에 대해 이렇게 말했다.

"현자여, 어떤 이들은 내게 가능한 한 많은 재물을 끌어모으라고 충고한다오. 무슨 일이 일어나더라도 재물이 가장 유용할 거라고 하면서 말이오. 이것에 대한 그대의 생각을 듣고 싶소."

현자는 말했다.

"백작님, 내로라 하는 대지주가 그 이름에 걸맞는 여러 일을 치르기 위해서는 어느 정도의 재물이 필요하지요. 그러나 재물을 축적하는 데 급급하여 자신의 명예를 더럽히고, 부하를 괴롭히며, 나라를 욕되게 해서는 안 됩니다.

재물에 눈이 멀어 그것만을 쫓는다면 어떤 롬바르드인이 볼로냐 시에서 겪은 일과 같은 경우를 당하게 될 것입니다."

볼로냐 시에는 아주 큰 부자가 살고

있었습니다. 이 롬바르드인은 그 재물이 정당한 것인지 아닌지는 개의치 않고, 수단과 방법을 가리지 않고 돈을 끌어모으는 데만 열성을 다했답니다. 그러다 심한 병을 앓게 되었는데 다 죽게 된 그를 본 친구 하나가 마침 그 도시에 와 있던 성(聖) 도밍고에게 고해성사를 하라고 권했습니다.

그는 친구의 말을 따르기로 결심하고 성 도밍고를 불러오게 하였습니다. 그러나 성자는 그가 저지른 악행에 대한 대가를 치르지 않는 것은 신의 뜻이 아닐 거라 판단했지요. 그래서 자신이 고해성사 받기를 거부하고는 대신 사제 한 명을 보냈습니다.

아버지가 성 도밍고를 불러오게 시켰다는 것을 알게 된 롬바르드인의 자식들은 깜짝 놀랐습니다. 성자가 아버지에게 영혼을 구원하기 위해서는 전재산을 기부해야 한다고 하면 자신들의 유산이 날아갈까봐 걱정했기 때문이지요. 그래서 사제가 집에 오자 자식들은 아버지가 고열로 땀을 뻘뻘 흘리고 있으니 다시 부를 때 와달라며 돌려보냈습니다.

얼마 지나지 않아 롬바르드인은 입이 굳어 버렸고 자신의 구원을 위해 아무것도 하지 못한 채 저세상으로 가버렸습니다. 다음날 장례식에서 자식들은 성 도밍고에게 마지막 기도를 해달라는 부탁을 했습니다. 성자는 그렇게 하기로 했고 기도중 그 롬바르드인을 거론하면서 이런 성경 구절을 인용하였지요.

'너의 재물이 있는 곳에 너의 심장이 있다.'

그리고는 장례식에 참석한 사람들을 둘러보며 이렇게 말했습니다.

"형제들이여, 성경의 말씀이 진리라는 것을 증명해 보려면 이 죽은 자의 심장을 찾아보시오. 분명히 그의 심장은 몸 속에 있지 않고 재물을 담아두던 궤짝 안에 있을 것이오."

사람들이 시체를 살펴보자 과연 심장이 없었으며 성 도밍고의 말대로 보석상자 안에 있었습니다. 이 세상에서 둘도 없이 고약한 악취를 풍기며 구더기에 가득 차서 말입니다.

"백작님, 이미 말씀드렸듯이 재물은 두 가지의 조건이 충족되었을 때라야만 좋은 것입니다. 첫째, 그것을 얻게 된 경위가 정당한 것이어야 합니다. 둘째는 재물에 지나치게 마음을 두어 마땅히 해야 할 일을 하지 못하거나 명예에 흠이 가게 해서는 안 된다는 것입니다. 정당한 일을 통해 얻은 재물로 신의 은총을 받고, 사람들 사이에서는 깨끗한 이름을 널리 알리는 것이 가장 좋기 때문입니다."

재물에 눈이 멀어 그것을 쫓는다면,
그 영혼은 구더기가 가득 차 악취를 풍기게 된다.

두려움을 견딘 기사이야기

 여느 때와 같이 백작은 현자와 이야기를 나누다가 이렇게 말했다.
 "현자여, 예전에 아주 막강한 세력을 가진 왕이 나의 적이었던 때가 있었소. 둘 사이의 대결은 하도 오랜 세월을 두고 계속되어 결국에는 화해를 해야겠다는 결론을 짓고 합의를 했다오. 그래서 지금은 친구가 되어 전쟁이 없어졌다오. 그러나 우리는 아직도 항상 서로를 의심하고 있소. 더군다나 그의 신하들이 그에게 하듯이 나의 벗들도 그가 우리 관계를 악화시킬 구실을 찾는 데 여념이 없다며 나를 불안하게 한다오. 그대는 내 모든 문제를 알고 있으니, 이런 때 어찌 해야 하는지 충고해 주기 바라오."

현자는 말했다.

"백작님, 제게 요구하시는 조언은 여러모로 어렵습니다. 조언을 드리기 어려운 이유 중 하나는 백작님을 상대로 전쟁을 일으키고자 하는 자가 있다면 그는 전쟁 준비도 하고 있으리라는 것입니다.

또 당신을 모시고, 당신의 불행을 자신의 것처럼 아파하며 잘못을 깨우쳐주려고 하는 사람이라면 당신께서 어떤 일에 대비를 하시도록 하는 것도 당연하지요. 그리고 백작님께서 나쁜 일에 대비하시는 것을 막는 자가 있다면 그 사람은 당신의 생명을 귀중히 여기지 않는다는 뜻이며, 땅을 일구어 식량을 준비하고 요새를 튼튼히 하는 것에 반대하는 자는 당신의 재산이 보존되기를 바라지 않는다는 뜻입니다.

당신께서 많은 친구와 부하를 거느리며 그들을 위해 너그럽게 베푸는 것을 저지하는 자는 당신의 명예와 영토 수호를 원하지 않는 것입니다. 이런 일들을 행하지 않으면 큰 위험에 처하게 되실 것이나, 한편으로는 그 일들을 시작하는 것만으로도 전쟁을 일으키는 것이 될 수 있습니다. 이렇듯 어려운 일이지만 저의 조언을 바라시니 선하고 정직했던 한 기사의 이야기를 들려드리고 싶군요."

성스럽고 자비로운 페르난도 왕

이 회교도들이 점령하고 있던 세비야를 포위하고 있을 때였습니다. 그를 모시고 있던 많은 부하들 중에 당대 최고의 무사로 인정받고 있던 세 명의 기사가 있었습니다. 한 명은 로렌소 수아레스 갈리나또였으며, 두 번째는 가르시아 뻬레스 데 바르가스였고 세 번째는 이름이 생각나지 않는군요.

하루는 이 세 기사가 서로 누가 최고의 무사인가 하는 문제를 두고 말다툼을 하고 있었습니다. 언쟁이 끝날 것 같지 않자 그들은 무장을 하고 적이 점령하고 있는 세비야의 성문까지 가기로 하였습니다.

다음날 세 기사는 무장을 하고 그 마을로 갔습니다. 성벽과 망루 위에서 정찰을 하고 있던 회교도들은 그 세 사람이 오는 것을 보고는 외교서신을 전하는 사자일 것이라고 판단하고 아무도 저지하지 않았습니다. 이렇게 해서 세 기사는 성 밖의 담을 지나 성문까지 갈 수 있었습니다. 기사들은 창끝으로 문을 여러 번 두드린 후 말을 돌려 다시 진영으로 돌아가기 시작했지요.

이들이 서신을 가져온 것이 아니었음을 깨달은 회교도

들은 노하여 기사들을 쫓기 시작했습니다. 성문을 열고 기병 천오백 명과 보병 이만 명 정도가 뒤따르기 시작했을 때 세 기사는 이미 멀리 가고 있었습니다. 그들을 따르는 회교도들이 점점 가까워지는 것을 본 기사들은 말을 돌리고 기다렸습니다. 적이 다가오자 이름이 생각나지 않는 기사가 먼저 나서서 싸웠습니다. 로렌소 수아레스와 가르시아 뻬레스는 움직이지 않았지요. 그러나 적이 더 가까이 오자 가르시아 뻬레스 데 바르가스가 싸우기 시작했고 로렌소 수아레스는 혼자 계속 구경을 했습니다. 그러나 곧 회교도들이 그를 에워싸고 공격을 하자 그도 용감하게 싸우기 시작했지요.

왕의 군사들은 이 세 기사가 적에게 포위된 것을 보고는 즉시 지원하러 달려갔습니다. 많이 다치고 백척간두의 위험한 상황에 처해 있었지만 다행히도 이 세 기사는 목숨을 구할 수 있었습니다. 기독교인들과 회교도들의 결투는 너무 치열했기에 페르난도 왕도 몸소 참가해야 할 정도였

습니다.

승리는 기독교인들에게 돌아갔으나 진영으로 돌아오자 왕은 목숨을 소중히 여기지 않고 무모한 짓을 벌인 세 기사를 체포하라고 명령하였습니다. 그러나 모든 부하들이 세 기사를 용서해 달라고 빌자 왕은 그렇게 했지요.

후에 왕은 목숨을 건 그 모험의 발단이 세 기사 중 누가 최고인가를 가리지 못하여 생긴 일임을 알게 되었습니다. 그러자 휘하의 모든 훌륭한 전사들을 불러모아 놓고는 세 기사 중 누가 더 훌륭했는가를 말하라고 했습니다.

모두 모이자 다양한 의견이 나왔습니다. 혹자는 처음 혼자 싸움을 시작한 기사가 가장 용감하다고 했고, 다른 사람들은 두 번째가, 또 다른 이들은 세 번째가 가장 뛰어났다고 했지요. 모든 의견의 근거와 이유가 너무도 논리 정연하여 틀린 사람이 하나도 없는 것 같았습니다. 하지만 격론 끝에 다음과 같은 합의에 도달했습니다.

"회교도인들이 수가 많기는 해도 세 기사들의 용기와 노력으로 승리할 수 있는 상황이었다면 첫 번째 기사가 가장 훌륭했을 것이다. 하지만 적이 너무 많아 도저히 승리할 수 없는 상황에서 이기지 못할 것을 알면서도 싸움을 시작했다는 것은 승리를 위해 싸운 것이 아니라 도망가는 수치스러움을 당할 수 없어 두려움을 느낄 겨

를도 없이 용기를 가지고 싸움을 시작할 수밖에 없었던 것이다.

한동안 두려움을 견디면서 적이 더 가까이 다가와 공격을 할 때까지 싸움을 시작하지 않은 두 번째 기사도 나름대로 훌륭했다고 볼 수 있다. 그러나 가장 오랫동안 두려움을 견디고 회교도들의 공격을 직접 받고서야 싸움을 시작한 로렌소 수아레스 갈리나또가 세 기사 중 의심의 여지 없이 가장 뛰어나다."

"백작님, 당신께서는 불안과 공포가 어떻게 다른 것인지 잘 알고 계십니다. 또한 한번 시작하면 쉽게 끝나지 않는 전쟁이 있다는 것도 아시지요. 그러나 불안하실수록 그만큼 더욱 현명하게 대처하실 수 있을 것입니다. 그리고 모든 일에 대비하시기 때문에 그 누구도 갑자기 당신에게 화를 입히지는 못할 것입니다.

감히 충고하건대, 절대 마음 내키는 대로 하지 마시고 급작스레 화를 입지는 않으실 것이니 상대가 먼저 공격하기를 기다리십시오. 그러면 사람들이 당신을 불안하게 만든 것이 근거없는 일이었음을 알게 될 것입니다. 당신을 안절부절 못하게 만드는 자들은 뭔가 일을 만들어야 직성이 풀리는 자들이기 때문입니다. 당신의 신하나 상대의 친구들도 전쟁을 원하는지 평화를 원하는지 스스로 잘 모르고 있습니다. 그들은 전쟁시에는 쓸모없으며 온전한 평화를 즐길 줄도 모릅니다. 그들은 죄짓는 것을 두려워하지 않고 소란을 피워 그 틈을 타 축재나 하려고 하며, 당신을 심란하게 만들어 놓고는 재산을 갉아먹으려고 할 뿐입니다. 따라서 그들이 당신께 해가 되는 일을 하더라도 그들을 정확히 파악하시는 한 당신께서는 안전합니다.

당신은 모든 일에서 소신껏 행동한다는 것을 만인이 알게 될 것이니 말입니다. 그리고 백작님께서 부당한 행위를 하지 않으신다면 아무도 당신을 공격하지 않을 것이 확실합니다. 백작님께 해가 되는 일을 하면서까지 못된 자들을 기쁘게 해주는 일은 하지 마십시오. 그러면 평화를 누리실 것이며 착한 이들에게 선을 베풀 수 있을 것입니다."

모든 일에 대비하면서 상대가 먼저 공격할 때까지 기다려라.
고통을 참을 줄 아는 자만이 승자이니.

명예로운 삶

백작이 그의 조언자인 현자와 다음과 같은 이야기를 하고 있었다.

"현자여, 그대도 알다시피 나도 늙었고 사는 동안 고생이 많았소. 솔직히 고백하건대 이제는 쉬면서 사냥이나 하고 여가를 즐겼으면 하오. 그대는 항상 최선의 것만을 내게 권하는데 지금 가장 적합한 것이 무엇인지 말해 주기 바라오."

현자가 말했다.

"백작님, 지당하신 말이오나 페르난 곤살레스 백작께서 누뇨 라이네스에게 한 이야기를 아셨으면 합니다."

백작은 그 이야기를 해달라고 했다.

"백작님."
현자는 말했다.

자기 영토를 지키기 위해 많은 고생을 한 후 페르난 곤살레스 백작님은 부르고스에 거주하고 있었습니다. 안락하고 편한 생활을 하고 있던 어느 날 누뇨 라이네스라는 사람이 곤살레스 백작님에게 이제부터는 전투에 참여하지 말고 휴식을 취하며, 더불어 다른 사람들도 쉬게 하는 것이 좋겠다는 말을 했습니다.

백작님이 대답하기를, "가능하다면, 쉬면서 빈둥거리는 것을 자신만큼 원하는 사람이 없다고 하였습니다. 그러나 자신이 회교도나, 레온 지방, 또는 나바라 사람이 아니므로 잠시만이라도 한눈을 팔면 그 많은 적이 까스띠야를 치기 위해 들고 일어날 것"이라고 지적했습니다.

물론 아를란손 강둑으로 아름다운 새나 사냥하고, 살찐 나귀를 타고 노닥거리며 영토를 방치해 둘 수도 있지만 그렇게 하면 "사람이 죽자 그 이름도

사라졌네" 하는 옛말이 이르는 것을 겪게 될 것이라고 했습니다. 반면에 게으름을 버리고 자신을 지키고 명예를 얻기 위해 노력을 기울이면 죽은 뒤에 "사람은 죽었으나 이름은 남아 있네"라고 말할 것이라고 했습니다. 행운이 따랐던 자도, 불운했던 자도 죽어 없어지기는 마찬가지입니다. 부지런하게 일했던 사람도 게을렀던 사람도 죽기 마련입니다. 하지만 나쁜 습성과 게으름으로 죽고 난 후에 살아생전의 위대한 업적을 사람들의 기억에 남기지 못하는 것은 바람직하지 못한 것 같습니다.

"백작님께서도 죽음을 피해 갈 수는 없습니다. 그러니 지금 게으름에 빠져, 죽은 뒤 당신의 명성과 위대한 업적을 길이 남길 수 있는 일을 하는 것을 소홀히 하지 마십시오."

백작은 현자의 이런 말을 듣고 매우 흡족해 하며 그의 충고를 따르고 행복해 했다. 백작은 이 이야기를 유익하게 여겨 이 책에 적게 하고는 다음과 같은 글도 기록하라고 하였다.

> 인생은 너무 짧다. 못된 성격과 게으름 때문에
> 당신의 명성과 업적을 잃지 말라.

마지못한 식사 초대에 응한 남자이야기

또 한번은 백작이 그의 조언자 현자에게 이렇게 말했다.
"현자여, 내가 정말 필요로 하던 것이 있었는데 한 남자가 와서 그 일을 해주겠다고 했소. 그러나 그렇게 말은 했어도 그의 성의 없는 태도를 볼 때, 내가 그의 도움을 사양하기를 더 바란다는 것을 쉽게 알 수 있소. 한편으로는 그가 내게 약속했던 대로 일을 해주었으면 좋겠다 싶은 생각과, 또 한편으로는 그렇게 미적지근하게 한 약속을 받아들이기가 매우 거북스럽소. 그대는 사리 분별에 밝으니 이럴 때는 어떻게 해야 하는지 일러주기 바라오."
현자는 말했다.
"백작님께서 올바르게 행동을 하시기 위해서는 식사에

초대받은 남자이야기를 아시는 게 좋을 듯하군요."
백작은 그 일이 어떤 것인지 말해 달라고 요청하였다.
"백작님!"
현자는 말했다 .

한때는 아주 부자였던 한 남자가
있었는데 알거지가 되어 버렸습니다. 깡통을 차게 되기는 했어도 먹을 것을 구걸하는 것을 부끄럽게 여겨 굶주리고 비참하게 지내고 있었습니다. 입에 가져갈 것 하나 없이 지내던 어느 날, 아는 사람 집앞을 지나게 되었는데 마침 그 사람이 식사를 하고 있는 것이었습니다. 그 사람은 지나가는 거지를 알아보고는 뭘 좀 먹겠느냐고 음식을 권했습니다. 그리 간곡한 초대는 아니었지만 너무 허기졌던 가난한 사람은 손을 닦으며 주인에게 이렇게 말했습니다.

"솔직히 말하자면 말이죠. 같이 식사할 것을 너무도 간절히 권하니, 당신의 의도와 원하는 바를 저버리는 것이 큰 결례가 될 것 같군요."

그리고는 앉아서 먹으며 배고픔과 고달픔을 떨쳐 버렸습니다. 그 후 그는 신의 도움을 받아 가난의 구렁텅이에서 빠져나올 수 있었지요.

"백작님, 그 사람이 제의하는 것이 당신에게 이롭다는 것을 잘 알고 계시니, 제의를 받아들여 그를 기쁘게 해주시지요. 그리고 그 일을 간곡하게 자청하지 않는 것에 해서는 개의치 마십시오. 그가 만일 제의를 되풀이하지 않는다면 이미 권했던 것을 받기 위해 당신이 부탁을 해야 하는 더욱 부끄러운 일이 생길 테니까요."

백작은 이 충고에 흡족해 하며 실천에 옮기고 만족해했다. 이 예화 또한 높이 평가하여 이 책에 기록하도록 하고 다음과 같은 글을 쓰게 하였다.

> 네게 이로운 것을 얻을 기회가 온다면
> 상대가 여러 번 권할 때까지 기다리지 말라.

입에 쓴 약을 달게 만드는 법

하루는 백작이 현자에게 다음과 같이 이야기했다.
"현자여, 내가 무척 아끼는 친척이 있었는데 어린 아들 하나만을 남기고 죽었다오. 그래서 내가 그애를 키웠지. 그 아이와 나의 유대관계를 봐서나, 그애 아버지에 대한 깊은 애정 때문에 그리고 그애가 자라면 감사해하며 나를 위해 일해 줄 거라고 생각했기에, 아주 잘 교육시켰다오. 나는 그애를 친아들처럼 사랑했소.
그런데 아이가 똑똑하고 선량하기는 하지만, 아직 나이가 어려서인지 때때로 미혹에 빠지고 올바른 길을 가지 않는다오. 그애가 정신을 좀 차린다면 얼마나 좋겠소? 그대는 정확한 판단력이 있으니 그애의 장래를 위하여 내가 어떻게 해야 할지 그 방법을 좀 알려주겠소?"

이 말을 들은 현자는 백작에게 위대한 철학자와 그가 가르치는 젊은 왕에 대한 이야기를 해주었다.

어느 왕에게 아들이 하나 있었는

데 그 왕자를 교육시키기 위해 자기가 신임하는 철학자에게 맡겼습니다. 후에 왕이 죽자, 아직 어린 아들이 왕위를 계승했습니다. 철학자는 그가 열다섯 살이 될 때까지 교육을 시켰습니다.

그러나 어린 왕은 사춘기에 접어든 후부터 사부의 말을 무시하기 시작했습니다. 그리고 다른 젊은 조언자들의 말만 들으려 했지요. 그들은 왕자에게 아무런 신세도 지지 않았기에 닥쳐올 재난으로부터 그를 보호해야 할 의무감 같은 것은 전혀 느끼지 못했습니다. 어린 왕은 재산을 잃어갔고 예의범절도 생활태도도 눈에 띄게 나빠졌습니다. 모든 사람들이 왕을 욕했고, 예전에는 훌륭하게 교육받은 그가 이제는 제멋대로 행동하며 그 많던 재산을 다 탕진해버렸다고 수군거렸습니다.

사태가 점점 악화되자 철학자는 어찌할 바를 모르고 괴로워하고 있었습니다. 이미 왕에게 애원도 해보고 비위도 맞춰 보고, 심지어는 나무라 보기도 했지만 아무 소용이

없었기 때문입니다. 왕의 젊은 혈기는 두 사람 사이에 놓여 있는 커다란 장애물이었습니다. 자신의 조언이 쓸모없음을 알게 되자 철학자는 다음과 같은 일을 꾸몄습니다.

그는 궁 안에다 자기가 세상에서 제일 가는 예언자라고 소문을 퍼뜨리고 다니기 시작했습니다. 많은 사람들이 이 말을 전해듣게 되었고 나중에는 젊은 왕의 귀에까지 가 닿게 되었습니다. 왕은 철학자에게 사람들의 말대로 그렇게 예언을 잘 하느냐고 물었습니다. 그는 처음엔 부인하는 척했으나 결국에 가서는 사실이라고 고백하면서 다른 사람이 알아선 안 되니 더 이상은 묻지 말아 달라고 했습니다.

젊은이들은 으레 무엇이든 알고 싶어하듯이 왕도 철학자가 어떻게 예언을 하는지 알고 싶어 안달이 났습니다. 하지만 철학자는 이리 피하고 저리 피하며 이야기를 해주지 않았고 그럴수록 왕은 더욱더 몸이 달았습니다. 왕이 계속해서 고집을 부리자 철학자는 하는 수 없다는 듯 가르쳐 주겠다고 약속했고, 대신 아침 일찍 아무도 모르게 자기와 함께 궁을 빠져나갈 것을 요구했습니다.

그들은 아침 일찍 일어나 황폐해진 마을이 있는 계곡으로 갔습니다. 얼마를 걷고 있는데 나무 위에서 까마귀 한 마리가 듣기 싫은 소리로 울고 있는 것이었습니다. 조금

후에 다른 까마귀 한 마리가 근처의 다른 나무에서 또 울었습니다. 두 마리는 저마다 앉은 나무에서 듣기 거북한 소리로 계속해서 울어댔습니다.

한참을 듣고 있던 철학자는 갑자기 자기 옷을 쥐어뜯으면서 마치 세상에서 가장 처량한 신세라도 되는 듯 구슬피 울기 시작했습니다.

이에 젊은 왕은 크게 놀라 그 이유를 물어 보았습니다. 철학자는 몇 번이고 말하고 싶지 않다고 했지만 왕은 계속해서 이야기해 달라고 고집을 부렸습니다. 마지못한 듯 철학자는 입을 열었습니다.

"차라리 죽고 싶습니다. 제가 아둔하여 왕께서 계속 땅과 재산을 잃고 있다는 것을 사람들뿐만 아니라 새들까지도 알고 있지 뭡니까. 이제는 새들까지도 임금님을 무시하니 제가 무슨 면목으로 선왕을 뵙겠습니까?"

젊은 왕은 도대체 새들이 무슨 얘기를 하고 있기에 그러는지 말해 달라고 했습니다. 철학자는 하는 수 없다는 듯 대답했습니다.

"저 두 까마귀는 자식을 결혼시키기로 서로 약속해둔 사이였습니다. 그런데 첫 번째 까마귀가 결혼하기로 한 건 사실이지만 이제는 상황이 달라졌다고 했습니다. 임금님께서 왕좌에 오른 뒤부터 자기네 계곡에 있는 마

을들이 황폐해지고, 무너진 벽들 사이의 폐허에서 자라는 먹이가 많아져서 이제는 자기가 더 부자가 되었다는 것이었습니다."

이 말을 들은 다른 까마귀는 웃음을 터뜨리며 그것 때문에 결혼을 미루려 한다면 참 미련한 짓이라고 대답하더군요. 그 까마귀 하는 말이 이 왕이 계속 살아만 있게 되면 금방 자기가 더 부자가 될 거라는 겁니다. 그 이유는 열 배나 더 큰 마을이 있는 자기네 계곡도 얼마 안 가 황폐해질 것이기 때문이라는 것이었습니다.

그래서 그것은 결혼을 미룰 이유가 아니라고 하니 다른 까마귀도 그 말이 맞다고 고개를 끄덕이는 것이 아니겠습니까?

젊은 왕은 이 말을 듣고 큰 고통에 사로잡혔고 자기 영토를 황폐해지게 내버려 두는 것은 결국 자기 손해라는 것을 깨닫게 되었습니다. 철학자는 왕이 고통스러워하며 근심에 싸여 있는 것과 아직 남아 있는 땅을 어떻게 하면 조금이라도 더 잘 지킬 수 있을까 하고 궁리하는 것을 보고 그에게 아주 훌륭한 조언을 해주었습니다. 그 결과 얼마 안 가서 젊은 왕은 자기가 통치하는 왕국은 물론 사생활까지 모든 것을 옛날 그대로 되찾을 수 있었습니다.

이야기를 마치며 현자는 백작에게 말했다.

"백작님께서는 그 청년을 교육시키고, 그의 재산이 늘어가는 것을 보고 싶어 하십니다. 제가 말씀드린 이야기와 좋은 약은 입에 쓰지만 효능은 높다는 것을 참고로, 백작님께서 어떻게 하셔야 할지를 잘 생각해 보시기 바랍니다.

다만, 그를 똑바로 행동하도록 한다면서 벌을 주거나 나쁘게 대해선 절대 안 됩니다. 젊은 사람들은 자기에게 싫은 소리를 하는 사람을 멀리하려 합니다. 본인에게 해가 될 일은 하지 못하도록 나무랄 수 있는 사람이 세상에서 가장 좋은 친구이지만 젊은이들은 대개 그런 친구를 고마워하는 것이 아니라 나쁘게 받아들이기 마련입니다. 백작님과 그 사이에도 증오가 싹튼다면 그러한 증오는 이후에 더 나쁜 방향으로 악화될 수도 있습니다."

젊은이를 책망하거나 듣기 싫은 소리를 하는 것만이 능사는 아니다.
그를 바른 길로 이끌기 위해서는 되도록 듣기 좋은 말로 설득하라.

이간질에 속은 사자와 소

하루는 백작이 현자에게 다음과 같은 이야기를 했다.
"현자여, 내겐 매우 권세 있고 정직한 친구가 있다오. 지금까지는 그에게서 의심스러운 면을 단 한번도 본 적이 없었는데, 요사이 사람들이 하는 말을 들으니 그가 전처럼 나를 존경하지 않는다고 하오. 심지어는 나와 맞설 구실을 찾고 있다니 참으로 걱정이오.
만약 내가 자기를 의심하고 감시한다는 걸 알게 되면 그도 똑같이 나를 의심하고 감시할 게 아니겠소? 그렇게 되면 불신과 미움이 커져 결국 갈라설 수밖에 없지 않겠소. 내가 믿고 의지할 곳이라고는 그대밖에 없으니 이런 경우 어떻게 해야 할지 말해 주겠소?"

이 말을 듣고 현자는 백작에게 사자와 소 이야기를 들려 주었다.

절친한 친구

사이인 사자와 소는 덩치도 크고 힘도 셌기 때문에 다른 짐승들을 통치하고 있었습니다. 사자는 소의 도움으로 육식동물을 통치했고, 반대로 소는 사자의 도움으로 초식동물을 통치했습니다. 그러던 어느날, 동물들은 사자와 소가 서로서로 도와가며 자기들을 통치하고 있다는 사실을 깨닫게 되었습니다. 그 때문에 자신들이 지속적으로 피해를 입어왔음을 알게 되자, 동물들은 그러한 노예상태에서 해방될 수 있는 방법을 찾아보고자 자기들끼리 회의를 열었습니다.

그들은 사자와 소 사이에 불화의 씨앗 하나만 심어놓아도 자신들이 노예상태에서 벗어날 수 있다는 것을 알게 되었습니다. 여우와 양이 각각 사자와 소로부터 가장 큰 신임을 얻고 있었기에, 동물들은 그들에게 어떻게 해서든 사자와 소 사이에 싸움을 붙여달라고 간청했습니다. 여우와 양은 동물들을 위해 자기들의 힘이 닿는 대로 노력해 보겠다고 약속했습니다.

사자의 조언자인 여우는 우선 육식동물 중 사자 다음으로 가장 힘이 센 곰을 찾아갔습니다. 그리고 소가 사자를 해칠 기회를 노리고 있어서 이를 두려워하는 이들이 많으며, 그런 소문이 떠돈 지 벌써 며칠이 됐다고 말했습니다. 비록 그것이 사실이 아닐지라도 감시는 해야 할 것이라고 사자에게 말하라고 했습니다.

소의 조언자인 양도 소를 빼면 풀을 먹는 모든 동물들 중 가장 힘이 센 말에게 똑같은 말을 했습니다.

곰과 말은 그 소문을 사자와 소에게 전했습니다. 사자와 소는 그 이야기가 모두 사실일 거라고는 믿지 않았습니다. 심지어는 자기가 가장 신임하는 자들이 둘 사이에 불화를 불러 일으키려고 하는 게 아닌가 의심하기도 했습니다. 그렇지만 차츰 시간이 흐르자 결국에 가서는 서로가 서로를 의심하기 시작했고, 각자 믿을 만한 충신인 여우와 양을 불러 이야기를 나누었습니다.

일의 자초지종을 잘 알고 있는 여우와 양은 곰과 말이 그런 말을 한 것은 별 근거는 없는 일이겠지만 앞으로 일이 어떻게 될지 모르니 대비책을 모색해 두기는 해야 할 거라고 했습니다. 그리고는 먼저 상황을 좀 지켜보고 나서 일을 도모하자고 했습니다.

이렇게 해서 사자와 소 사이에는 커다란 불신이 싹트게 되었습니다. 다른 동물들은 둘 사이에 의심이 생겼다는 것을 알게 되자 소에게는 사자가 소를 시기하고 있다고, 또 사자에게는 소가 사자를 시기하고 있다고 이간질을 했습니다. 그러면서 그것은 바로 상대가 마음속에 나쁜 의도를 숨기고 있다는 명백한 증거가 아니겠느냐고 꼬드겼습니다.

여우와 양은 거짓 조언자 노릇을 통해 얻게 될 이익에 눈이 멀어 대장에 대한 충성의 의무 같은 건 까맣게 잊어버렸습니다. 그리고 그들을 참된 지혜로 일깨우는 대신 갈수록 더욱더 궁지로 몰아넣었습니다. 결국 사자와 소가 서로에 대해 가지고 있었던 사랑과 믿음은 증오와 불신으로 변해 버렸습니다.

이를 본 다른 동물들은 갈수록 더 그들을 부추겼습니다. 결국에 가서 그들은 드러내놓고 싸우는 지경에까지 이르고 말았습니다. 육식동물과 초식동물들은 각자가 자기들의 우두머리 편에 서 있는 것처럼 행동했지만 모든 피해는 결국 사자와 소가 입게 되었습니다.

싸움의 결과는 참담했습니다. 사자는 소에게 많은 피해를 입혔고 그에게서 힘을 많이 빼앗아갔습니다. 그러나 사자 또한 그 이후로 권위를 잃게 되었습니다. 다시 전처럼 다른 동물들을 통치할 수 없게 되었고, 그들에게 힘을 행사할 수도 없게 되었기 때문입니다.

사자와 소는 그때까지도 자기들이 친구로 지내면서 서로 도왔기 때문에 존경받을 수 있었고 다른 동물들을 통치할 수 있었다는 것을 깨닫지 못했습니다. 그들은 나쁜 충고를 경계하지 않았고, 둘 모두에게 도움이 되었던 그 우정을 지키지 못해 서로 싸우게 되었으며 그 결과 모든 동물들은 군주였던 그들을 이제 더 이상 섬기지 않게 된 것입니다.

"그러니 백작님, 친구분과의 사이에 불화의 씨를 뿌리는 자들을 경계하십시오. 그러면 소와 사자의 경우와 같은 일이 백작님께는 일어나지 않을 것입니다. 아버지가 아들을 믿고 형제가 서로 믿듯이 진정한 친구를 믿으십시오. 사람들이 그에 대해서 백작님께 뭐라고 하더라는 이야기를 본인에게 해주십시오. 그러면 그 친구도 그들이 당신에 대해서 뭐라고 하는지 이야기해 줄 것입니다. 거짓말을 하고 다니는 자를 벌하십시오. 아무도 그런 소리를 하거나 퍼뜨리고 다니지 못하도록 말입니다.

그러나 만약 그 친구가 평생을 함께 할 정도로 진정한 친구가 아니라면, 친구로 지내되 당신이 그를 의심한다는 것을 모르도록 조심하십시오. 백작님께 해를 끼치지 않는 이상 그의 작은 실수는 눈감아 주십시오. 당신에게 그의 도움이 필요한 것처럼, 그에게도 역시 당신의 도움이 필요하다는 것을 알려주십시오. 그에게 감사하는 마음을 표하시고 그의 행동에 대해 이유없이 의심하지 마십시오. 이렇게 하면 우정이 지속될 것이고, 사자와 소가 범했던 실수는 범하지 않게 되실 겁니다."

> 불화의 씨를 뿌리는 자를 경계하라. 그래야만
> 이간질에 속아 유익한 친구를 잃지 않는다.

제 4 부
다리가 부러져 목숨을 건진 기사

어쩔 수 없이 닥친 불운 앞에서는 우리는 그것을
숙명으로 받아들이고 물러설 줄도 알아야 한다.

한번은 백작이 현자에게 다음과 같이 이야기했다.

개미가 살아가는 방법

한번은 백작이 현자에게 다음과 같이 이야기했다.
"현자여, 사람들 말이 내가 이만하면 충분히 부자인 셈이니 이젠 좀 즐기고, 먹고, 마시고, 쉬기도 하라는 거요. 이미 내겐 여생을 쓰고도 자식들에게 유산으로 남겨 줄 충분한 재산이 있지 않느냐고 말이오. 당신은 이를 어떻게 생각하시오? 당신도 다른 사람들이 말하는 것처럼 이젠 내가 그만 일하고 즐겨야 한다고 생각하시오?"

그 말에 현자는 물론 쉬고 즐기는 것도 좋지만 개미들이 어떻게 사는지 아느냐면서 다음의 이야기를 들려주었다.

개미는 미물에 불과합니다. 그러니 먹

고 살기 위해 그리 많은 준비를 해둘 필요는 없을 것 같이 보입니다. 하지만 개미들은 매년 추수 때면 집에서 나와 탈곡장으로 가서 힘껏 낟알을 모으고 곡식창고에 넣어둡니다. 그러다 비가 오면 그것을 밖으로 꺼냅니다.

이 때 사람들은 그들이 곡식을 말리려고 그런다고 하지만 사실은 그렇지 않습니다. 개미들이 곡식을 집 밖으로 꺼낼 때는, 비가 오기 시작하고 겨울이 다가오는 때입니다. 비가 올 때마다 말리기 위해 곡식을 내놓아야 한다면, 개미들의 노고가 엄청날 뿐만 아니라 일한 보람도 별로 없을 겁니다. 겨울엔 해가 뜨는 일이 별로 없고 따라서 젖은 곡식을 말리기가 무척 힘드니까요. 사실 첫비가 올 때 곡식을 꺼내는 이유는, 개미들은 집에 들어갈 수 있는 데까지 곡식을 채워넣어 그것을 모두 합쳐 보고는 자기들에게 일년 동안 필요한 양식이 된다는 것을 알게 되지요.

그런데 비가 오면 곡식은 젖어 싹이 트기 시작합니다. 개미들은 만약 곡식이 자기들 집안에서 싹이 튼다면 먹고 살기 위해서 모아둔 양식이 자기들을 죽음으로 몰고 갈 것이라는 사실을 알고 있지요. 그래서 그들은 곡식마다 싹이 터 나오게 되는 가운데 씨를 빼내고 겉으로는 멀쩡해 보이는 그 나머지를 버립니다. 그렇게 하면, 아무리 비가 많이 와도 더 이상 싹이 트지 못합니다. 이런 식으로 개미들은 일년 내내 양식을 보관합니다.

게다가 필요한 것을 충분히 가지고 있으면서도 날씨가 좋을 때면 집에서 나와 눈에 띄는 대로 나뭇잎 조각들을 집으로 가져갑니다. 혹시라도 식량이 모자랄 경우를 대비해 한 순간도 흘려버리지 않고 아주 잘 활용한답니다.

"그러니 백작님, 미물에 불과한 개미도 매일같이 식량을 찾아 그렇게 열심히 지혜롭게 일하는데, 이세상에 존재하는 것 중 가장 위대하며 만물을 통치하고 있는 인간이 이미 벌어놓은 것에만 의지해 살아간다면 될 법한 일입니까? 새로 집어넣는 것은 없고 매일같이 꺼내기만 하는 주머니는 얼마 안 가 텅 비게 됩니다. 성격이 무르고 통이 작은 것은 게으른 사람들의 특징입니다. 일하지 않고 먹기를 원하는 자는 자신의 지위와 명예가 지속되고 있는 동안은 얼마든지 그렇게 할 수 있습니다. 또 많은 돈을 벌어서 보람있게 쓰고 싶어 한다면 얼마든지 그렇게 보람된 곳에 써서 명예를 드높일 기회도 있는 것입니다."

많은 돈을 벌어서 탕진하지 않고 보람있게 쓴다면
죽어서 명예를 남기게 될 것이다.

세 왕자 이야기

 어느날은 백작이 현자와 다음과 같은 이야기를 나누고 있었다.
 "현자여, 내 집에는 젊은이들이 몇 사람 있는데 그 중 몇 명은 내게 많은 도움이 되는 이들의 자식이고, 몇 명은 이젠 별 도움이 되지 않는 자들의 자식들이라오. 그런데 그들의 거동을 지켜보자면 과연 그들이 나중에 어떤 사람이 될지 걱정이 된다오. 당신은 지혜로운 사람이니 이들 중 내게 쓸모있게 될 자와 그렇지 않을 자를 가려낼 수 있는 방법이 있다면 가르쳐 주오."
 "그런 종류의 질문에 대해서는 대답하기가 상당히 힘듭니다. 미래란 불확실한 것인데 백작님의 질문은 바로 그 미래와 관련된 것이기 때문입니다. 젊은이가 나중에 어떤 사람이 될 것인지는 몇 가지 징조를 가지고 짐작해볼 수 있을 뿐입니다.

겉으로 드러나는 징조로는 외모나 안색, 행동거지 그리고 체격 등이 있겠습니다. 그러나 그런 것들은 단지 징후에 불과하며 실제는 다를 수도 있습니다. 우리는 단지 어떤 외적 징후들을 보고 나름대로 여러 가지 가능성을 짐작해볼 수 있을 뿐입니다.

더 뚜렷한 징후는 얼굴, 특히 눈에 나타납니다. 이것은 잘생기고 못생기고를 말하는 것은 아닙니다. 잘생겼지만 인물값을 못하는 사람도 있고 반대로 못생겼지만 믿음직한 사람도 있습니다. 균형잡힌 신체는 민첩함과 용기의 징후일 수 있으나 그것은 말 그대로 징후에 불과합니다. 정말로 백작님께서 그 청년들의 가능성을 점쳐보고 싶으시다면 그들 내부의 품성이 어떤 식으로 드러나는가를 잘 살펴보십시오. 참고로, 어느 아랍 왕이 왕국을 물려줄 후계자를 결정하기 위해 세 아들을 시험했던 이야기를 해드릴까 합니다."

아랍의 어느

왕에게 아들이 셋 있었습니다. 왕이 노년에 접어 들자, 셋 중 한 명에게 왕관

을 물려주어야 했기 때문에, 신하들은 어느 아들에게 왕좌를 넘겨 줄 건지 알려달라고 했습니다. 그러자 왕은 한 달이 지난 후에 말해 주겠다고 대답했습니다.

며칠 후 왕은 큰아들에게 다음날 아주 일찍 말을 타러 나가고 싶다며 함께 가자고 했습니다. 다음날 아침, 왕자는 왕에게로 갔지만 왕이 말했던 만큼 이른 시각은 아니었습니다. 왕자가 도착하자 왕은 옷을 입어야 하니 자기 옷을 가져오게 하라고 왕자에게 지시했습니다. 왕자는 시종에게 옷을 가져오라고 했고 시종은 왕께서 무슨 옷을 입으실 거냐고 왕자에게 되물었습니다. 아들은 그것을 묻기 위해 왕에게로 돌아왔습니다.

왕은 알후바(아랍인이 입는 소매가 짧고 좁은 외투의 일종)를 입고 싶다고 말했고, 왕자는 시종에게 돌아가 왕이 알후바를 입고 싶어한다고 말했습니다. 그러자 시종은 어떤 알메히아(스페인 내의 아랍족이 입었던, 거친 천으로 짠 작은 망토 : 옮긴이)를 입으실 건지 물었고, 왕자는 다시 왕에게 그것을 물으러 가야만 했지요. 왕자가 이렇게 몇 번이고 왔다갔다한 후에야 왕은 옷을 입고 신을 신을 수 있었습니다.

옷을 입고 신을 신자, 왕은 왕자에게 말을 끌고 오게 하라고 했습니다. 왕자는 왕의 말을 돌보는 사람에게 말 한 마리를 끌고 오라고 명령했습니다. 마구간지기는 어떤 말을 타실 건지 물었고, 왕자는 왕에게 똑같은 질문을 해야만 했습니다. 그렇게 안장과 재갈과 칼과 박차에 대해서도 똑같은 일이 반복되었습니다. 말에 타기 위해 필요한 것 하나하나 때문에 그는 일일이 왕에게 물으러 간 것이지요.

모든 것이 준비된 후, 왕은 왕자에게 자기는 말을 탈 수 없겠으니 마을을 돌아다니면서 잘 보고 와서 자기에게 이야기해 달라고 했습니다.

말에 올라탄 왕자는 수많은 신하들을 동반하고 풍악소리를 크게 울리며 행차를 시작했습니다. 얼마간 마을을

돌아다닌 후 왕자가 돌아오자, 왕은 마을에 나가서 보고 온 것들에 대해 어떻게 생각하느냐고 물었습니다. 왕자는 풍악소리가 너무 시끄러웠던 것을 빼고는 모든 게 좋았다고 대답했습니다.

며칠 뒤에 왕은 둘째아들을 불러 첫째아들과 똑같은 방법으로 시험을 해보았습니다. 그랬더니 둘째아들도 큰아들과 똑같이 행동했습니다.

마지막으로 왕은 막내아들에게 다음날 아침 일찍 자기에게 오라고 했습니다. 막내아들은 아주 일찍 일어나서 왕이 깨어나기를 기다렸습니다. 왕이 일어나자, 왕자는 공손하게 절을 하며 들어왔습니다. 왕이 옷을 가져오라고 명령하자 왕자는 어떤 옷을 입고, 어떤 신을 신으실 건지 물었습니다. 그리고는 즉시 밖으로 나가 아무에게도 심부름을 시키지 않고 자기가 그 모든 것을 가지고 돌아왔습니다.

그의 태도는 마치 자기 행동이 아버지께 기쁨을 드릴 수 있다면 자신에게 또한 가장 큰 기쁨이라고 말하는 것 같았습니다. 자기 아버지이므로 할 수 있다면 무엇이든 해드리는 것이 그에게는 당연하고 합당한 일이었던 것입니다.

옷을 입고 신을 신자 왕은 말을 끌고 오게 하라고 명령했습니다. 왕자는 어떤 말에 안장은 어떤 것으로 앉히고

재갈은 또 어떻게 하실 건지, 어떤
칼을 차고 그 외에 말을 타는 데 필
요한 것들에 대해 그리고 말을 탈
때 누구를 곁에 세우고 싶으신지까지 물었습니다. 그렇게
그는 무엇 하나 반복해 묻는 일이 없이 왕의 명령을 수행
했습니다.

 모든 것이 준비되었을 때, 왕은 말을 타고 싶지 않다면
서 왕자에게 말을 타고 나가 둘러보고 나서 이야기해 달
라고 했습니다. 왕자는 전에 자기 형들과 함께 갔던 사람
들을 대동하고 궁궐을 나갔습니다. 그러나 어느 누구도
왕이 왜 그러는지를 알지 못했습니다.

 왕자는 말을 타고 나가 모든 마을과 거리, 왕이 보물을
보관해 둔 장소들, 사원들 그리고 끝으로는 도시에 있는
큰 건물 하나하나와 거기 살고 있는 사람들을 자기에게
보여 달라고 명령했습니다. 그리고 나서 말을 타고 가기
도 하고 걷기도 하며 자기를 따라오던 모든 군사를 이끌
고 성 밖으로 나갔습니다.

 왕자는 그들이 할 수 있는 군대 묘기를 모두 보여 달라
고 했습니다. 그리고 나서 마을의 성벽과 탑과 요새들을
살펴보았습니다. 모두 다 둘러본 후, 그는 왕궁으로 돌아
갔습니다.

그가 도착한 것은 이미 늦은 시간이었습니다. 그를 기다리고 있던 왕은 그가 본 모든 것에 대해 물어 보았습니다. 왕자는 만약 왕께서 노여워하지 않는다면 자기 의견을 말하겠다고 했습니다. 왕은 아무 걱정하지 말고 한번 말해 보라고 했습니다. 그러자 왕자는 아버지께서 아주 훌륭한 왕임에는 틀림없지만 자기가 보기엔 충분한 것 같지 않다고 말했습니다.

왕자의 질책에 왕은 마음이 흡족했습니다. 그리고 약속했던 기일이 되자 신하들에게 막내 아들을 왕으로 삼겠다고 말했습니다.

세 아들 중 누구라도 왕이 될 수 있었지만, 세 형제의 행동이 천지차이임을 확인한 왕은 오직 막내아들만이 왕국을 물려받기에 합당하다고 생각하고 그를 후계자로 공표했던 것입니다.

"그러니, 청년들 중 누가 가장 나을지 알고 싶으시다면 이 시험에 대해 생각해 보십시오. 그러면 청년들이 미래에 어떤 사람이 될지 뭔가 짚이는 바가 있으실 겁니다."

젊은이가 무슨 일을 어떻게 해나가는가를 지켜보면
그가 장래에 어떤 사람이 될지 짐작할 수 있다.

진정한 남자

한번은 백작이 현자를 불러 다음과 같이 이야기했다.
"내게 언제나 훌륭한 조언을 해주는 부하가 한 명 있는데, 그가 친척아이를 시집 보내려고 한다오. 그 때문에 이번엔 그가 내게 조언을 구해 왔소.
결혼하겠다고 나서는 수많은 구혼자들 중에서 어떤 사람을 선택해야 하느냐는 거요. 그 사람이 정확한 선택을 했으면 좋겠는데 뭐라 조언해 주어야 할지를 모르겠소. 당신은 그런 일에 대해 아는 게 많으니 어떻게 해야 하는지 좀 가르쳐 주시겠소?"
그 말을 듣고 현자는 백작에게 다음과 같은 이야기를 해주었다.

프로방스에 어떤 백작이 있었습니다. 매우 선량했던 그 사람은 명예롭고도 자기 지위에 도움이 되는 일을 하면서 살아가는 사람이었습니다. 그는 건장한 남자들을 휘하로 받아들여 훈련시킨 뒤 그들을 이끌고 울뜨라마르의 산따띠에라(성스러운 땅이라는 뜻 : 옮긴이)를 향해 출발했으나 그만 술탄의 포로가 되고 말았습니다.

비록 포로의 몸이었지만, 백작의 훌륭한 심성을 알게 되면서 술탄은 최대한 그의 편의를 봐주었고, 그를 존중해 주었습니다. 방대한 영토와 막강한 힘을 소유한 술탄은 여러 가지 일에 있어서 그에게 조언을 구하기도 했습니다. 백작의 조언이 너무나 훌륭한 것이었기에 술탄은 그를 깊이 믿게 되었지요. 그리하여 백작은 자기 영지에 있는 것과 다를 바 없는 대접을 받으며 지낼 수 있었습니다.

백작이 영지를 떠날 때 그에게는 어린 딸이 하나 있었습니다. 그 딸은 아버지가 포로로 있는 동안 혼기가 찬 처녀로 자라났습니다. 백작의 아내와 친척들은 포로로 있는 백작에게 여러 왕자들과 세도가의 자식들이 딸에게 청혼해온다는 전갈을 보냈습니다.

술탄이 그를 만나러 간 어느날, 백작은 술탄에게 그 이야기를 꺼내며 이렇게 말했습니다.

"술탄이시여, 당신은 제게 크나큰 은혜를 베풀어 주셨습니다. 저를 존중하고 믿어 주시어 제 조언을 그토록 중히 여기시니 몸둘 바를 모르겠습니다. 그런데 이번에는 제가 감히 당신께 조언을 좀 부탁드려도 될는지요?"

백작의 말에 술탄은 매우 기뻐했습니다. 그는 자기가 아는 한도 내에서 기꺼이 조언을 해주겠다면서 심지어 무엇이든 필요한 것이 있다면 도와주겠다고까지 했습니다.

백작은 자기 딸에게 청혼해온 집안들에 대해 이야기하고 딸을 누구와 결혼시켜야 할지를 물었습니다.

이야기를 들은 술탄은 다음과 같이 대답했습니다.

"백작님, 저는 따님에게 청혼해온 사람들에 대해 아무것도 모릅니다. 그들의 가계가 어떤지, 세도가 어느 정도인지, 행실은 어떤지, 당신과는 어떤 관계이며, 서로 어떤 면에서 다른 사람보다 더 낫고 못한지도 모릅니다. 따라서 저의 조언이 적절한 것인지는 확신할 수 없습니다. 다만 저는 따님을 '남자'와 결혼시키시라고 말씀드리고 싶을 뿐입니다."

백작은 술탄이 무슨 말을 하는지 즉각 알아듣고는 감사를 표했습니다. 그리고는 아내와 친척들에게 그 지방의 모든 귀족들에 대해 자세히 알아보고 그들의 예법이 어떠하고, 관습은 어떠하며, 또 행실이 어떤지 확인해 보되 그들의 부도, 세력도 보지 말고, 단지 '결혼할 당사자가 어떤 사람인가 하는 것만을 보라'는 내용의 전갈을 보냈습니다.

백작의 편지에 친척들과 아내는 매우 놀랐으나 곧 명령을 따랐습니다. 그리고 청혼해온 모든 사람들의 예법과 관습, 장단점 등을 서신을 통해 그에게 알렸습니다.

백작은 가족들이 써보낸 것을 읽은 후에 술탄에게도 보여주었습니다. 구혼자들은 겉으로 보기에 모두가 매우 훌륭한 것 같았으나 술탄은 그들에게서 여러 가지 결점

들을 발견해 냈습니다. 예의범절이 바르지 못하거나, 성격이 모났거나, 비사교적이거나 사람을 맞아들이는 예법을 모르거나, 나쁜 친구들과 어울리거나, 사람들 입에 오르내리는 것 등이 모든 청혼자들에게서 발견되는 인간적 결점들이었습니다.

그 중에서 큰 세력은 갖지 못한 어느 부자의 아들이 그래도 가장 낫다고 판단되었습니다. 그는 사윗감으로 적절한 자격을 가장 많이 갖추고 있었고, 여러 청혼자들 중에서 결점이 가장 적었습니다. 그리고 아무도 그에 대해 험담을 하는 것을 결코 들어 본 적이 없었습니다. 술탄은 백작에게 딸을 그 사람과 결혼시키라고 했습니다. 더 세도가 있고 신분이 높은 귀족도 많지만 그에 상당하는 결점을 가지고 있는 사람보다는 세력은 없지만 결점도 없는 사람과 결혼시키는 게 더 낫다는 것이었습니다. 남자를 평가할 때, 재산이 얼마나 되고 신분이 어떤가가 중요한 게 아니라 그 사람의 됨됨이가 어떤가가 더 중요하다고 했습니다.

그러자 백작은 아내와 친척들에게 편지를 보내 딸을 술탄이 권한 사람과 결혼시키라고 명했습니다. 그들은 매우 놀랐지만 그 청년을 찾으러 사람을 보냈고, 그에게 백작의 명령을 전했습니다. 젊은이는 백작의 집안이 자기 집안보다 훨씬 더 지체높고, 부유하며, 세도도 있다는 것을 잘 알고 있었습니다. 따라서 자기의 청혼을 받아들이는 것은 분명 자신을 놀림감으로 만들기 위한 거라고 말했습니다. 그러나 백작 가문의 사람들은 자기들 말이 사실이며 이 결혼이 성사되길 바란다고 말하는 것이었습니다.

사실은, 청혼해온 사람들 중에 세도 높은 왕이나 귀족의 아들이 아닌 그 청년에게 딸을 시집보내라고 술탄이 백작에게 권고했기 때문이고, 그것은 당신이 '남자'이기 때문이라고 대답했습니다. 이 말에 청년은 그들이 진심으로 이야기하고 있음을 깨달았습니다. 그리고 술탄이 자신의 됨됨이를 인정하여 '남자'로서 자신을 택했으므로 자신이 응당해야 할 일을 하지 않는다면 자신은 남자도 아니라는 생각을 했습니다.

그는 백작부인과 친척들에게 다른 말은 하지 않고, 자기에게 백작의 영지와 수입에 대한 권한을 모두 넘겨준다면 그들의 말을 믿겠다고 했습니다. 그들은 의논 끝에 합의를 보고 그가 요구한 모든 권한을 넘겨 주었습니다. 막대한 부를 소유하게 된 그는 비밀리에 여러 척의 배를 무장시키고, 만반의 준비를 하고는 기일을 정해 결혼을 준비하라고 명령했습니다.

정해진 날짜가 되자 그는 화려하게 결혼식을 거행했습

니다. 밤이 되어 아내가 기다리고 있는 집으로 간 청년은 자리에 들기 전에 은밀히 백작부인과 친척들을 불렀습니다. 자기보다 더 뛰어나고 부유한 사람들 중에서 백작이 자기를 선택한 것은 그들도 이미 알고 있듯이 딸을 '남자'와 결혼시키라는 술탄의 권유 때문이었다고 하면서, 술탄과 백작이 자기를 그토록 믿어주었는데 남자로서 응당 할 일을 하지 않는다면 자기는 남자도 아닌 셈이 된다고 했습니다. 그래서 그는 아내와 영지를 남겨둔 채 떠나겠다고 말했습니다.

 말을 마치자마자 그는 말을 타고 출발했습니다. 그는 아르메니아로 가서 그곳의 말과 풍습을 배울 때까지 거기에 머물렀습니다. 거기서 그는 술탄이 사냥에 매우 뛰어나다는 것을 알게 되었습니다. 그는 전투함을 항구마다 한 척씩 배치해 놓고 자기가 명령할 때까지 정박지에서 나오지 말라고 부하들에게 명령했습니다. 그리고는 훌륭한 사냥용 새와 사냥개를 여러 마리 구해 술탄의 궁으로 갔습니다.

 그가 술탄의 궁에 당도하자, 크게 환대를 받았습니다. 그러나 환영의 뜻으로 귀족에게 의당 그렇게 하듯 그의 손에 입맞추는 이도, 예를 갖추어 인사를 해오는 이도 없었습니다. 술탄은 그가 필요로 하는 것을 무엇이든 주라

고 했으나, 젊은이는 그런 것 때문에 온 것이 아니었기에 술탄의 호의를 사양할 뿐 아무것도 요구하지 않았습니다.

대신에 자기와 자기 부하들이 얼마간 술탄의 집에 머물면서 이것저것 배울 수 있게 해달라고 부탁했습니다. 그에 덧붙여 술탄이 사냥의 명수라는 소문을 듣고 훌륭한 사냥용 매와 사냥개들을 가져왔으니 마음에 드는 것은 무엇이든 가져도 좋다고 말했습니다. 또한 자기는 나머지를 데리고 술탄을 따라 사냥을 가고, 자기 힘이 닿는 데까지 술탄을 위해 무슨 일이든 봉사하고 싶다고 했습니다. 술탄은 매우 고마워하며 가장 좋아 보이는 사냥용 매와 사냥개를 골랐습니다. 젊은이는 술탄으로부터 어느 것 하나 확실한 약속을 얻어 내거나 특혜 같은 것을 받은 바는 없었으나 꽤 오랜 기간을 술탄의 집에서 지냈습니다.

그러던 어느날, 그들이 사냥을 나갔을 때 매를 따라 학을 쫓아가다가 전투함 한 척이 청년의 명령대로 배치되어 있는 항구에까지 이르게 되었습니다. 훌륭한 말을 탄 술탄과 백작의 사위는 동료들로부터 너무 멀어져서 그들이 있는 곳이 어디인지 몰랐기 때문이었습니다. 그들은 매들이 학을 잡아 물어뜯고 있는 곳에 당도했습니다. 술탄은 매들을 돕기 위해 신속히 말에서 내렸고, 백작의 사위는 술탄이 땅에 내려오자 전투함에 있던 부하들을 불렀습니다.

사냥감에만 열중해 있던 술탄은 자기가 전투함에서 내린 군사들에게 포위된 것을 알고 매우 놀랐습니다. 청년은 칼을 뽑아들어 그를 해치려 하는 뜻을 분명히 했습니다. 술탄은 그제서야 자기가 함정에 빠져든 것을 알고 가슴을 쳤으나 이미 때는 늦었습니다.

백작의 사위는 술탄에게 당신은 내가 주는 것을 모두 받았으나 자기는 술탄으로부터 아무것도 받지 않았으니 빚진 것도 없고, 또 당신의 신하도 아니므로 당신을 보호해야 할 의무도 없다고 하면서 불만은 없을 거라고 했습니다.

그는 술탄을 붙잡아 전투함에 태우고 나서, 자기는 '진정한 남자'이기

때문에 훨씬 나은 다른 사람들을 제쳐두고 술탄이 권해 선택된 백작의 사위라고 말했습니다. 그리고 '남자'라서 자기를 택했는데 이 일을 하지 않는다면 자기는 '남자'도 아닌 게 되지 않겠느냐고 했습니다. 그는 술탄이 해준 충고가 훌륭한 것이고 진실된 것이라는 것을 장인이 알 수 있도록 그리고 그런 충고를 해준 것에 대해 만족해 하시도록 장인을 넘겨 달라고 했습니다.

이 말을 듣고 술탄은 충고의 의미를 정확히 알아맞춘 그를 치하했습니다. 그리고 기꺼이 장인을 넘겨 줄 테니 자신을 믿어 달라고 했습니다.

사위는 술탄의 말을 믿고 그를 배에서 내려주었고 부하들에게 사람들 눈에 띄지 않을 때까지 부두에서 떨어져 있으라고 명령한 후 자기도 따라 내렸습니다.

술탄과 백작의 사위는 매들에게 먹이를 주기 시작했습니다. 그를 따라온 사람들 눈에 술탄은 매우 만족스러워 보였습니다. 자기에게 있었던 일에 대해 아무에게도 얘기하지 않았기 때문이지요.

마을에 도착하자 곧 그들은 백작이 포로로 잡혀 있는 집으로 갔습니다. 술탄은 그를 보자 기쁜 목소리로 말했습니다.

"백작님, 제가 당신께 해드린 조언이 올바른 것임이 입

증되었습니다. 여기 이 사람은 바로 당신을 구하러 온 당신의 사위입니다."

술탄은 그의 사위가 자기를 포로로 잡게 된 경위를 설명해 주었고, 자기에게 보여 주었던 신뢰에 대해 이야기했습니다.

술탄과 백작 그리고 그를 아는 모든 사람들이 청년의 지혜와 노력과 진실함을 칭찬했습니다. 술탄은 백작과 그의 사위에게 많은 선물을 주었고, 갇혀 지내는 동안의 노고를 달래기 위해 백작이 포로로 지낸 기간 동안 벌었을 수입의 두 배를 주어 그의 조국으로 돌려보냈습니다.

이 모두가 딸을 '남자'에게 시집보내라는 술탄의 훌륭한 충고 덕택이었습니다.

"그러니 백작님, 결혼상대를 고르는 데 있어서 무엇보다도 사람 됨됨이를 관심있게 봐야 한다고 충고하셔야 할 것입니다. 청혼자의 부와 귀족칭호는 아무 소용도 없는 것입니다. 사람이 훌륭하면 시간이 지나면서 명예가 드높아지고, 가계가 발전하며 재산은 늘어가기 마련입니다. 반대로 제아무리 귀족이고 부유하다 해도 사람이 옳지 못하면 모든 것을 순식간에 잃게 됩니다. 부모에게서 부와 지위를 물려받은 수많은 사람들이 그것을 감당할 그릇이 못되어서 명예도 부도 모두 잃게 되는 경우가 아주 많습니다. 또 오로지 본인이 훌륭해서 재산뿐만 아니라 명예까지 높아지는 사람도 있습니다. 그들은 선조들로부터 물려받은 것이 많아 그렇게 된 사람들보다 더 칭송을 받고 존경을 받습니다. 잘되고 못되는 것은 그 사람됨에 달려 있다는 것을 아셔야 합니다. 그 사람의 현재 상태와 조건이 어떻든간에 말입니다.

따라서 첫 번째로 살펴봐야 하는 것은 결혼상대의 예의범절과 행실이 어떠한가 하는 것입니다. 결혼하려는 여자는 남자가 얼마나 똑똑하고 어떤 능력을 가지고 있으며, 사람 됨됨이가 어떤지를 첫째로 보고 그런 후에 누가 더 높은 귀족인지, 재산이 더 많은지, 조건이 더 잘 갖춰졌는지, 자신에게 더 어울리는 사람인지를 본다면 그 결혼은 훨씬 더 현명한 결혼이 될 것입니다."

사람을 평가함에 있어 중요한 것은 그의 지위나 재산이 아니라
그의 됨됨이와 능력이다. 또한
참된 인간은 작은 이익도 큰 것으로 만들 수 있다.

거짓나무에게 생긴 일

하루는 백작이 현자에게 다음과 같은 이야기를 했다.

"현자여, 내게서 큰 것을 원하지는 않지만 내주변에서 수없이 말썽을 일으키며 나를 괴롭히는 친구들이 몇 있소. 그들은 언제나 나와 주변의 모든 사람들에게 거짓말만 일삼는다오. 그럴 듯한 거짓말로 내게 큰 손해를 가져오는가 하면 부하들을 부추겨 내 말에 거역하게 만든다오. 난들 속임수를 쓸 줄 모르겠소? 나도 마음만 먹으면 그들보다 훨씬 더한 속임수도 쓸 수 있지만 그런 짓은 하고 싶지 않소. 거짓말은 항상 나쁘다는 것을 알고 있기 때문이오. 이런 자들을 대체 어떻게 대해야 할지 내게 조언을 좀 해주실 수 있겠소?"

이 말을 들은 현자는 백작에게 다음과 같은 이야기를 해주었다.

거짓과 진실이 서로 만났습니다.

어느날, 거짓은 진실에게 자기들 사이에 나무를 한 그루 심으면 과일도 얻고 더운 날엔 그늘에서 쉴 수도 있지 않겠느냐고 말했습니다. 진실은 단순하고 무슨 일이든 좋게만 받아들이기 때문에 흔쾌히 그 제안을 받아들였습니다.

둘 사이에 심은 나무가 자라기 시작하자 거짓은 진실에게 나무를 반씩 나누어 관리하는 게 어떠냐고 말했습니다. 진실이 동의하자 거짓은 그럴듯한 이유를 들어가며 뿌리는 나무의 생명이고 본질적인 것이니 나무가 가진 것 중 가장 좋은 것이라고 말했습니다. 따라서 땅 밑에서 안전하게 보호받고 있는 뿌리를 가지라고 진실을 설득하면서 자기는 이제 겨우 움이 튼 작은 가지들을 갖겠다고 했습니다.

가지는 땅 위에 있어 쉽게 눈에 띄기 때문에 사람들이 잘라 버리거나 잎을 따 버릴 수도 있고, 짐승들이 갉아먹거나 새들이 흔들어댈 수도 있으며, 더위에 말라 버리거나 추위에 얼어 버릴 수도 있으니 언제나 큰 위험에 노출

되어 있다고 거짓은 말했습니다. 그러나 뿌리는 안전하다는 것이었지요.

진실은 교활한 구석이 없는 데다가 아무나 쉽게 믿기에 자기 친구인 거짓의 말을 믿고 뿌리 쪽을 택했습니다. 거짓은 자기의 속임수가 제대로 먹혀들어가 진실이 뿌리를 택하는 것을 보고 기뻐서 어쩔 줄을 몰랐습니다.

진실은 자기에게 배당된 부분에서 살기 위해 땅 밑으로 들어갔습니다. 반면 거짓은 위에 남아 땅 위에 사는 것들과 함께 살았습니다. 거짓은 말주변 좋게 속임수를 쓸 줄 알았기 때문에 모든 이들이 그에게 홀딱 반해 버렸습니다. 나무는 곧 성장하기 시작해 굵은 가지 위에 넓은 잎이 무성하게 달려 사람들을 유혹하는 시원한 그늘을 드리우고, 가지각색의 아름다운 꽃을 피우기 시작했습니다.

사람들은 아름다운 나무 그늘로 와서 오랫동안 머물며 꽃을 보고 즐겼습니다. 멀리 떨어진 곳에 있는 사람들까지도 즐겁고 행복하게 살기 위해서는 거짓나무의 그늘에 앉아야 한다고 말할 정도였습니다.

무수한 사람들이 그 그늘 밑으로 모이게 되었습니다. 거짓은 아첨을 잘하고 아는 것도 많았기 때문에 모두가 즐거운 시간을 보낼 수 있게 해주었고, 모두가 그로부터 배우고 싶어했습니다.

그래서 다양한 사람들이 모여들기 시작했습니다. 거짓은 단순한 사람들에게는 작고 평범한 거짓말을 했고, 좀더 영리한 사람들에게는 약간 복잡한 거짓말을, 그리고 현명한 사람들에게는 아주 복잡한 거짓말을 했습니다.

예를 들어 한 사람이 다른 사람에게 "아무개야, 내가 너에게 이러저러한 일을 해줄게"라고 거짓말을 했다면 그것은 단순한 거짓말입니다. 거기에 맹세를 하고 담보가 주어질 때, 그 거짓말의 효력은 두 배로 증가됩니다. 그러나 자기를 위해 다른 사람들이 무언가를 해준 뒤, 자기가 약속한 것을 해줄 때가 오면 그때서야 모든 것이 속임수라는 것을 알게 됩니다.

이렇게 거짓은 아는 게 많았고, 자기 나무 그늘 아래로 오는 사람들에게 이것저것 듣기 좋은 말을 해주었습니다. 거짓은 어떤 때는 나무의 아름다움으로, 또 어떤 때는 속임수로 사람들을 현혹했지요. 그런 기술에 대해 아는 사람은 아무도 없었기에 거짓의 말은 잘 먹혀들어 갔고, 모두가 그의 속임수에 넘어갔습니다.

거짓은 이렇게 하루하루 일이 잘 풀려 나갔지만 아무도 그 가치를 알아주지 않는 불행한 진실은 땅 밑에 숨겨진 채 지냈습니다. 아무도 그의 존재에 대해 알지 못했고, 아무도 그에 대해 걱정하지 않았으며, 누구 하나 그것을 찾아보려 시도조차 하지 않았습니다.

진실은 자기에게는 먹을 것이 아무것도 없고, 친구의 충고를 듣고 택한 뿌리밖에 없다는 것을 깨닫고는 어쩔 수 없이 뿌리를 갉아먹기 시작했습니다. 비록 나무가 아주 훌륭한 가지와 넓은 잎이 있어 시원한 그늘을 드리우고, 서로 겨루기라도 하듯 색색의 꽃을 피워냈지만, 진실은 아무것도 먹을 게 없었기 때문에 열매가 맺기 전에 나무의 뿌리들을 다 갉아먹어 버렸습니다.

뿌리가 모두 갉아 먹히고 잘린 거짓의 나무는 강한 바람이 불어오자 단번에 쓰러져 버렸습니다. 그 때문에 거짓은 큰 상처를 입었고 그를 둘러싸고 있던 사람들 모두가 죽거나 치명적인 상처를 입게 되었습니다.

나무가 쓰러지면서 생긴 구멍을 통해 숨어 있던 진실이 나왔을 때 땅 위로 올라온 진실은 자기 주변에 거짓과 그를 찾아온 이들이 모두 죽거나 크게 다쳐 쓰러져 있는 것을 보았습니다. 그들이 거짓에게 배웠던 기술은 그럴 때 아무 쓸모가 없었던 것입니다.

"백작님, 거짓은 큰 가지를 가지고 있으며 그의 말과 아부의 꽃은 사람들을 유쾌하고 즐겁게 만듭니다. 하지만 그 나무는 결코 열매를 맺지 못합니다. 당신 적들이 속임수와 거짓된 지혜를 사용한다면, 최대한 그들을 멀리하십시오. 그리고 그들의 속임수를 따라하지 마십시오. 그리고 거짓말하는 기술을 이용하여 혜택을 누리는 자들을 시샘하실 필요도 없습니다. 그들이 얼마 가지 못할 것이며 끝이 좋지 못할 것이라는 것을 아셔야 합니다. 결국에 가서는 모든 것이 허사로 돌아가게 된다는 것을요. 사람들이 그 그늘 밑에 있으면 행복하다고 믿었던 거짓 나무에게 일어났던 일처럼 말입니다.

그리고 진실이 비록 그 가치를 인정받지 못한다 해도, 진실에 손을 내미시고 더 높이 평가하십시오. 그러면 백작님께서는 틀림없이 그 때문에 행복하게 될 것이며 바람직한 결과를 얻게 되실 것입니다. 백작님은 결국 이 세상에서는 많은 부와 육신의 영광을 얻게 되실 것이고, 저승에서는 영혼이 구원받으리라는 확신을 얻으실 수 있기 때문입니다."

진실을 따르고 거짓을 멀리하라.
거짓은 또다른 거짓을 낳기 마련이다.

왕을 속인 좀도둑

어느날 백작은 현자에게 다음과 같이 조언을 구했다.
"현자여, 낯선 사람 하나가 찾아와 자신이 계획하고 있는 사업의 밑천을 조금만 제공하면 큰 수익을 올려주겠다고 말한다오. 자신은 경험이 많아서 밑천의 열 배를 버는 일은 아주 쉽다고 하오."
현자가 말했다.
"백작님, 가장 큰 이득을 얻으시려거든 연금술사와 왕의 이야기를 들어 보시는 것이 좋겠습니다."

곤궁한 처지에서 벗어나 부자가 될 생각만으로 머리가 꽉 찬 철면피 사기꾼이 있었습니다.

그러던 어느날 그는 왕이 연금술을 무척 좋아한다는 사실을 알게 되었답니다. 그래서 이 사기꾼은 10페세타짜리 금화 백 개를 구해 갈아서 가루로 만들고 다른 여러 가지와 섞어서 백 개의 구슬을 만들었습니다. 당연히 구슬 한 개의 무게는 금화 한 닢의 무게에 다른 재료의 무게를 더한 것이 되었지요. 그리고는 좋은 옷으로 치장한 후 왕이 사는 도성에 가서 어느 향료상인에게 그 요술 구슬들을 사라고 꾀었습니다.

상인이 그 물건이 무엇에 쓰이는 것이냐고 묻자 그가 대답하기를 두루두루 많은 일에 유용하지만 특히 연금술에는 필수라는 것이었습니다. 그 말에 상인은 구슬당 두세 닢의 금화를 지불하고 백 개를 모두 사버렸습니다.

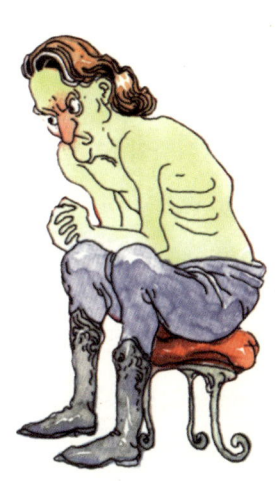

얼마 후 도성 안에는 연금술사가 있다는 풍문이 입에서 입으로 퍼져나가 마침내 왕에게까지 이 소식이 닿았답니다. 왕은 그를 불러들여 네가 정말 연금술사냐, 하고 물었습니다. 그는 짐짓 겸손한 척 그렇다고 대답했습니다. 그리곤 연금술에 많은 돈을 거는 일은 무모하지만 왕이 원하시면 자신이 가진 재주를 보여 드리겠노라고 못이긴 척 말했습니다. 왕은 그가 말하는 품으로 보아 인품이 훌륭하다고 판단하고는 그를 아주 신뢰해 버렸습니다.

사기꾼은 두세 푼 어치의 가치도 없는 자질구레한 것들 몇 개와 자기가 판 요술 구슬 하나를 요청했습니다. 그는 왕이 보는 앞에서 그 잡동사니들을 요술 구슬과 함께 녹였습니다. 그리고는 잠시 후에 두세 푼 어치의 가치도 안 되는 것들에서 10페세타 금화 무게에 해당하는 금조각을 꺼내 보이는 것이었습니다.

이를 본 왕은 몹시 흡족해 하며 그를 세상에서 가장 훌륭하고 명예로운 기사라 칭찬하고는 어서 더 많은 금화들을 만들라고 재촉했습니다. 사기꾼은 아무것도 모르는 바보처럼 순진한 척하며 왕에게 말했습니다.

"왕이시여, 제가 아는 것은 다 알려드렸습니다. 왕께서도 저처럼 잘 하실 수 있을 것입니다. 하지만 제가 섞은 물건들 중 한 가지라도 부족하면 금이 안 나오는 법이니 명심하시기 바랍니다."

그렇게 가짜 비법을 가르쳐 준 후 사기꾼은 집으로 돌아왔습니다.

한편 왕은 이제 홀로 남아 비법을 시험해 보았습니다.

사기꾼이 알려준 비율로 양을 두 배로 섞으면 금도 두 배로 나왔고, 세 배를 섞으면 당연히 세 배의 금이 나왔습니다. 이를 본 왕은 금화 천 닢을 만들기에는 다른 재료는 다 구할 수 있으나 요술 구슬들이 턱없이 부족한 것을 보고서 다시 사기꾼을 불러오라는 명령을 내렸습니다.

왕은 그에게 구슬들이 어디에 있는지 아느냐고 물었고 그는 흔쾌히 안다고 대답했습니다. 자기 고향에는 엄청나게 많이 있다고 말입니다. 그러자 왕은 사기꾼에게 가서 있는 대로 몽땅 구해오라고 했고 사기꾼은 구입하는 데 필요한 돈과 경비를 합쳐 큰 액수를 요청했습니다.

그리하여 돈을 수중에 넣은 사기꾼은 그 길로 여행을 떠나 돌아오지 않았습니다. 신중하지 못해 사기를 당한 왕이 감감무소식인 그의 소식을 물으러 사기꾼 집에 사자를 보냈습니다. 그러나 집은 텅빈 채 자물쇠로 잠긴 궤짝 하나만 덩그러니 놓여 있었습니다. 열어 보니 안에는 이런 글귀가 쓰인 편지 한 장이 있더랍니다.

"세상에 요술구슬은 없도다. 내가 당신을 속였은즉, 애초에 내가 당신을 부자로 만들어 주겠다고 했을 때 당신은 '네 말을 믿기 위해선 먼저 네가 부자여야 한다'고 말했어야 했다."

여러 날이 흘러 내막을 알게 된 몇몇 사람들은 서로 모여 배꼽을 잡고는, 그들이 알고 있는 모든 사람들의 이름과 성품을 큰 종이에 썼답니다. 간교한 사람과 현명한 사람 그리고 조심성 없는 사람들을 적는데 그 명단에 왕의 이름을 제일 먼저 썼습니다. 이를 알게 된 왕은 그들을 불러 어떤 대답을 해도 벌주지 않겠다고 약속하고는 왜 자신이 조심성 없는 사람인가 하고 물었습니다. 그러자 그들은 대답하기를 아무것도 모르는 낯선 사람에게 많은 돈을 주지 않았느냐고 했습니다.

그러나 왕은 그들이 잘못 알고 있으며, 이제 그가 구슬을 가지고 나타나면 자신이 현명한 사람임을 알게 되리라고 우겼습니다. 그들은 그 사기꾼이 나타나면 왕의 이름을 명단에서 지워드리겠다고 대답했답니다.

"백작님, 이 왕처럼 조심성 없는 사람이 되지 않으시려면 후회할 모험은 하지 마십시오. 불확실한 희망은 품지 않는 것이 현명한 법입니다."

돈이 궁핍한 사람의 충고를 듣고 네 재산에 모험을 걸지 말라.
그것은 불확실한 희망에 모험을 거는 것이다.

배신을 당했을 때

어느날 백작이 조언자 현자와 대화를 나누고 있었다.
"현자여, 당신도 아다시피 나는 많은 전투로 인해 적지 않은 재산을 잃었소. 그런데 부하 중 몇몇은 나의 호의를 그토록 많이 누렸음에도 불구하고 결정적인 순간에 나를 배신해 곤경에 빠뜨렸다오. 그런 일을 당하고 나니, 더 이상 예전처럼 사람을 신뢰할 수가 없다오. 당신은 현명한 사람이니 내가 어떻게 하는 것이 좋을지 조언을 좀 해주시오."
"백작님, 만약 당신을 곤경에 빠뜨린 사람이 다음 이야기 속에 나오는 세 기사들과 같은 사람이라면, 또 그들의 이야기를 알고 있었더라면 결코 그런 일을 저지를 수 없었을 겁니다."

옛날에 로드리고 라는 백작이 살고 있었지요. 그는 훌륭한 아내를 가졌음에도 불구하고 이런저런 구실을 들어 아내를 괴롭혔습니다. 남편의 학대에 견디다 못한 아내는 신에게 기도하기를 만약 자기가 잘못한 것이 있으면 자신에게 벌을 내리고 그렇지 않으면 남편에게 벌을 내려 달라고 했지요. 그러자 신은 기도가 끝나기가 무섭게 남편에게 나병이라는 형벌을 내렸고 그 후로 그들은 헤어졌지요. 그 소식을 들은 나바라 왕국의 임금은 사절을 보내어 그녀에게 구혼을 했답니다. 그렇게 해서 그녀는 나바라의 왕비가 되었지요.

한편 로드리고 백작은 자신이 나병에서 결코 회복될 수 없다는 것을 알고는 성지에서 죽기 위해 순례를 떠났답니다. 그에게는 막강한 권력과 훌륭한 부하들이 많이 있었지요. 하지만 막상 성지를 향해 떠나려 하자 세 명의 기사만이 따를 뿐 아무도 그를 계속 섬기려 하지 않았답니다. 할 수 없이 그는 세 명의 기사만을 데리고 길을 떠났습니다.

세월이 흘러 성지에서 오랫동안 생활을 하게 되자 그들에게는 아무것도 남아 있지 않았습니다. 본국을 떠날 때

가져온 재물도 바닥이 나서 결국에는 백작에게 먹을 것조차 줄 수 없는 지경에까지 이르렀지요. 그래서 세 명의 기사들은 품삯일을 하기로 했답니다. 한 명이 백작을 돌보기 위해 남아 있는 동안 나머지 기사들은 밖에 나가 일을 해야 했지만 밤이 되면 그들은 하루도 빠지지 않고 백작을 목욕시키고 나병의 종기를 씻어 주었습니다.

그러던 어느날 밤, 그들은 백작의 다리를 씻겨주다가 입에 침이 고이자 그것을 뱉어 내었지요. 그러나 백작은 기사들이 자신의 상처 때문에 구역질이 나서 침을 뱉었다고 생각한 나머지 비탄에 빠져 슬피 울었답니다.

그러자 기사들은 오해를 풀기 위해 백작을 씻기고 난 고름으로 뒤덮힌 물을 한손 가득히 담아 단숨에 마셔 보였습니다. 그들은 그렇게 백작이 죽는 날까지 비참한 생활을 보냈지요.

백작이 죽고 나자, 그들은 주인도 없는데 돌아가 봐야 좋을 게 하나도 없다고 생각하여 본국으로 가려고 하지 않았답니다. 하지만 주위 사람들은 백작을 화장시키고 뼈만이라도 가지고 본국으로 돌아갈 것을 권했지요.

그러나 기사들은 백작이 살았을 때와 마찬가지로 죽고 나서도 그의 몸에 손대는 것이 불충이라고 생각했기 때문에 화장을 원치 않았습니다. 그리고는 백작을 땅에 묻고 그의 몸이 모두 흙으로 변할 때까지 묵묵히 기다렸지요.

　세월이 흘러 백작의 몸은 흙으로 변했고, 그들은 백작의 뼈를 상자에 담아 본국을 향해 떠나기로 했답니다. 때로는 상자를 둘러멘 채 구걸을 해가며 여러 나라를 지나가야 했지요. 하지만 무슨 일이 생길 때마다 그것을 모두 기록으로 남겨두었습니다.

　그 가련한 기사들이 똘로사에 이르렀을 때의 일입니다. 그곳에는 수많은 사람들이 어떤 부인을 화형시키겠다며 모여 있었는데, 그 부인은 간통 혐의를 받고 있었습니다. 사람들은 만약 부인을 위해 싸울 기사가 있다면 그녀는 무시무시한 형벌을 면할 수 있을 것이라고 했습니다. 하지만 그녀를 위해 싸울 사람은 그 누구도 없었지요.

이 소식을 들은 충직한 기사 뻬드로는 만약 그녀가 진실로 죄가 없다면 자기가 그녀를 위해 싸우겠다고 동료들에게 말했답니다. 그리고는 그녀에게 진실을 물어 보았지요. 그러자 그녀는 마음 속으로 그런 짓을 할 생각은 했지만 실제로 그런 짓을 저지르지는 않았다고 했습니다.

기사는 그녀가 마음 속으로나마 죄를 저질렀다는 말에 그리 썩 마음이 내키지는 않았습니다. 왜냐하면 그녀가 마음 속으로 지은 죄로 인해 자신에게도 약간의 불상사가 생길 것 같았기 때문이지요. 하지만 그녀가 실제 행동으로 죄를 지은 것은 아니었기 때문에 그녀를 위해 싸우기로 했습니다.

하지만 그녀를 고발한 사람들은 기사만이 싸울 자격이 있다며 그를 거부했지요. 그러자 뻬드로 기사는 이제까지 적어둔 그들의 기록을 보여 주었답니다. 그 기록을 보자 그들도 별 수가 없었지요. 부인의 부모는 뻬드로 기사에게 말과 무기를 주었습니다. 그리고 그가 결투장에 나가기 전에, 신의 가호로 기사는 명예를 그리고 자기 딸은 생명을 얻을 것이라고 말했지요. 하지만 자기의 딸이 마음 속으로나마 죄를 지었기 때문에 어떤 불행한 일이 생길지도 모르겠다고 덧붙였습니다.

기사는 신의 도움으로 결투에서 승리를 거두었습니다.

하지만 불행히도 한쪽 눈을 잃어버렸지요. 염려했던 일이 실제로 일어난 것이었습니다. 그 일로 기사는 부인과 친척들로부터 많은 선물을 받았고, 덕분에 그들은 별 어려움 없이 본국까지 갈 수 있었습니다.

충직한 기사들의 소식을 전해 들은 본국의 왕은 매우 기뻐하며 자신의 왕국에 그렇게 위대한 기사가 있다는 사실에 대해 신에게 충심으로 감사했답니다. 그리고는 사신을 보내 평소의 누추한 복장 그대로 왕국에 들어와 줄 것을 그들에게 요청했지요.

기사들이 왕국에 도착했을 때, 왕은 말도 타지 않은 채 친히 나가 그들을 맞이하며 그들의 충성심을 치하했답니다. 그리고는 그들에게 큰 상을 내렸지요. 그 상은 워낙 대단한 것이어서 오늘날까지도 계속 후손들에게 상속되고 있답니다. 게다가 기사들의 충성심을 기리기 위해 왕과 신하들은 백작의 영지 오수나까지 동행했고, 백작의 유해를 안장하고는 각자 집으로 돌아갔습니다. 그들 중 다른 한 명의 기사 곤잘레스가 집으로 돌아왔을 때의 일입니다. 그는 부인과 함께 식사를 하기 위해 식탁에 앉았지요. 그런데 갑자기 아내는 앞에 차려진 음식을 보고는 하늘을 향해 합장을 하고 다음과 같이 말하지 않겠습니까?

"이 날을 보게 해주시다니. 신이시여, 진심으로 감사합니다. 당신도 아시다시피 고기와 포도주는 남편이 떠난 이후로 처음입니다."

기사는 이 말을 듣고 무척 가슴이 아팠습니다. 그 이유를 묻자 아내는 남편이 조국을 떠나면서 했던 말을 상기시켰습니다. 즉 기사는 백작과 함께가 아니라면 절대 조국으로 돌아오지 않을 것이니 그동안 자기 부인으로서 명예를 잘 지키라고 했던 겁니다. 그리고는 집에 빵과 물은 절대 부족하지 않을 거라고 말했던 것이지요. 그 후로 아내는 어려운 생활에도 남에게 아쉬운 부탁을 하지 않았고, 남편에 대한 신의로 식사 때마다 물과 빵만 먹었던 것입니다.

다음은 기사 뻬드로가 집에 도착했을 때의 일입니다. 그의 아내와 친척들은 그가 돌아온 것을 매우 기뻐하며 웃음으로 맞이해 주었지요. 하지만 기사에게는 그들의 웃음이 잃어버린 자기의 눈에 대한 비웃음으로 여겨졌습니다. 그래서 망토로 얼굴을 가린 채 슬픔과 탄식에 빠져 병져 누웠답니다.

하지만 그의 아내는 뻬드로가 괴로워하는 이유를 알 수 없었습니다. 그래서 하루는 남편 모습을 보다 못해 그 이유를 물었지요. 그러자 기사는 남들이 자기의 눈을 비웃기 때문이라고 대답했습니다.

 이 말을 들은 아내는 어디선가 바늘을 하나 가지고 와서는 자기의 한쪽 눈을 찔렀습니다. 남편이 놀라 그 이유를 묻자, 자기의 웃음이 남편에 대한 비웃음으로 오해되는 일이 없도록 하기 위해서라고 말했습니다.

 이렇게 해서 그 세 명의 기사들은 신의 도움으로 행복한 여생을 누릴 수 있었답니다.

 "백작님, 당신께 그런 짓을 한 사람이 앞에서 얘기한 세 명의 기사와 같이 충직한 사람이거나 자신들이 이제껏 누린 호의를 알고 있는 사람이라면 그런 짓은 절대 할 수 없다고 생각합니다. 하지만 몇몇 사람들이 백작님을 저버린다고 선행을 중단해서는 안 될 것입니다. 그런 나쁜 짓은 백작님보다도 그들 자신에게 더 해가 될 테니까요. 그리고 백작님께 나쁜 짓을 하는 사람이 있는 반면, 백작님을 충심으로 섬기는 사람이 있다는 것도 잊어서는 안 될 것입니다. 백작님께는 배신보다 충성이 더 의미가 있는 것이니까요. 아울러 이제까지 잘 대해주었다고 그들이 모두 백작님께 도움을 줄 거라고 기대하셔도 안 됩니다. 그러나 호의를 베풀다보면 언젠가는 그러길 잘했구나 하는 생각이 들게 하는 사람이 반드시 나타날 것입니다."

> 비록 몇몇 사람이 당신을 실망시키더라도
> 호의를 베푸는 것을 멈추지는 말라.
> 언젠가는 좋은 결과가 나타날 것이다.

다리가 부러져 목숨을 건진 기사

어느날 백작이 그의 조언자인 현자에게 조언을 구했다.
"현자여, 나는 지금 난처한 입장에 처해 있소. 그 내막은 이러하오. 한 이웃과 나는 어떤 별장까지 걸어서 가기로 내기를 했소. 물론 먼저 도착하는 사람이 그 집의 임자가 되는 것이오.
실제로 나는 아주 날렵하니 시합에서 이겨 큰 명예와 이득을 얻는 것이 당연하다고 생각했소. 헌데 갑작스레 몸이 개운치 못하니 지금으로서는 이길 가망이 없어져버렸다오. 내 비록 많은 것을 걸지는 않았지만 만약 그 집을 잃게 된다면 시합에서 이겨 그것을 얻는 명예보다 시합에 져서 재산을 잃는 불명예가 나를 갑절이나 더 괴롭힐 것이오. 당신을 믿는 터인지라, 어찌하면 좋을지 묻는 것이라오."

현자가 말했다.

"백작님, 염려하시는 것이 당연하지만 그 경우엔 아주 좋은 방책이 있습니다. 마침 돈 뻬드로 멜렌데스 데 발데스에게 일어난 일을 알고 있으니 들려드리지요."

레온 왕국의 기사였던 돈 뻬드로

멜렌데스 데 발데스는 난처한 일만 생기면 이렇게 말하는 습관이 있었습니다. "신에게 영광 있으라! 신이 하신 일이라면 바로 그것이 최선의 방책일지니!" 그런데 이 돈 뻬드로는 왕의 총애를 받는 대신이었기에 그를 시기하는 숱한 정적들이 있어서 그만 중상모략으로 왕의 미움을 사 사형을 당하게 되었습니다.

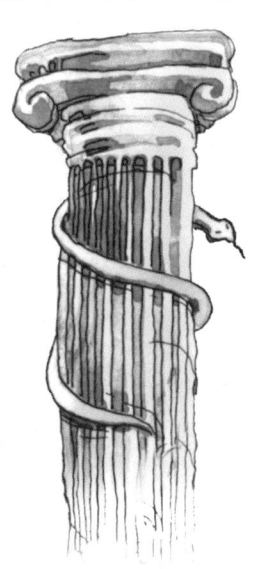

돈 뻬드로가 집에 있는데, 왕의 부하가 그를 붙잡아 대령시키라는 칙서를 가지고 도착했습니다. 그의 집에서 반 레구아(1

레구아는 약 5.5km : 옮긴이) 떨어진 곳에는 친히 사형을 집행키 위해 행차한 왕과 구경하려는 군중들이 모여 있었지요. 그런데 돈 뻬드로가 왕의 명령을 따르기 위해 말을 타러 나가던 중 그만 현관 계단에서 떨어져 한쪽 다리가 부러지고 말았습니다. 결국 왕의 명령을 따를 수 없게 되자 체포하러 왔던 부하와 수행원들은 이를 보고 이렇게 빈정거렸습니다.

"어이, 돈 뻬드로 멜렌데스. 당신은 항상 신이 하신 일이 최선이라고 말하더니만 지금이야말로

그렇게 되었군." 돈 뻬드로는 다리에 심한 통증을 느끼면서도 이제 비로소 사람들이 신이 하시는 일이 최선임을 알게 되지 않았느냐고 대꾸했습니다.

형을 집행하러 모여 있던 이들은 죄수가 도착하지 않는 이유를 전해 듣고서 왕에게 명령을 수행할 수 없는 까닭을 아뢰었지요. 그래서 왕은 돈 뻬드로의 다리가 나을 때까지 형 집행을 연기한다고 발표했습니다. 돈 뻬드로가 다시 말을 탈 수 있을 만큼 회복하기까지는 많은 시간이 걸렸습니다. 그러는 사이 왕은 중상모략의 내막을 알고서 그를 모함한 이들을 체포하라는 명령을 내리게 되었습니

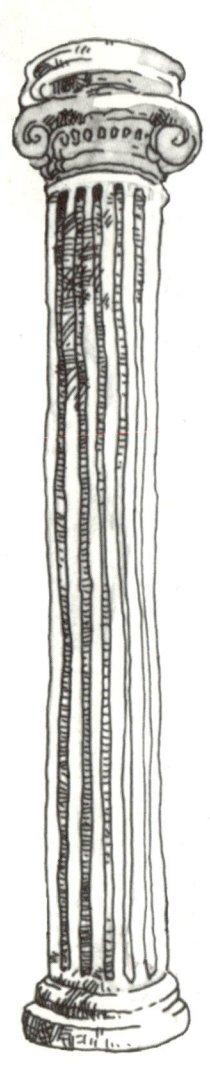

다. 그리고 그토록 총애하던 신하를 죽일 뻔한 자신의 과오를 깨닫고 사과의 뜻으로 많은 재물과 높은 관직을 하사했고 그가 보는 앞에서 정적들을 사형에 처했습니다.

그 후부터 사람들은 신이 무고한 돈 뻬드로를 구했다고 여겨 그가 즐겨 말하던 '신이 하신 일이라면 모든 것이 최선'이라는 말도 믿게 되었던 것입니다.

"백작님, 그러니 닥친 불운을 한탄하지 마시고 신이 허락하신 일이 최선임을 믿으십시오. 또한 우리에게 일어나는 모든 일들은 두 가지 종류가 있음을 명심하셔야 합니다. 즉 조언을 받을 수 있는 때와 어떤 조언도 소용없는 때입니다. 앞의 경우, 그 조언을 받아들여 자신이 할 수 있는 모든 노력을 기울여야 하지만 만일 신의 뜻대

로, 혹은 우연히 불운이 닥친다면 물러설 줄도 알아야 합니다. 지금 당신에게 닥친 일 또한 신의 뜻이니 저로서는 어떠한 충고도 해드릴 수 없군요. 하지만 신이 하신 일이 최선이라면 역시 신께서 해결해 주실 것입니다."

> 어쩔 수 없이 닥친 불운 앞에서는 우리는 그것을
> 숙명으로 받아들이고 물러설 줄도 알아야 한다.

제 5 부

성격이 서로 다른 두 부부 이야기

부부 사이에 무엇보다 중요한 것은 서로에 대한 신뢰감이다.

어느날 백작이 현자에게 이야기했다.

성격이 서로 다른 두 부부이야기

어느날 백작이 현자에게 이야기했다.
"현자여, 내겐 이미 결혼한 두 형제들이 있소. 그 중 하나는 부인을 너무나 사랑하는 나머지 절대 떨어져 있으려 하지 않고, 반대로 또 다른 하나는 부인을 너무나 싫어하는 나머지 아예 함께 살고 싶어하지도 않는다오. 이 두 동생들이 항상 내겐 큰 걱정이오. 그러니 현명한 당신이 이 일을 어떻게 해결해야 하는지 내게 조언을 해주길 바라오."
그러자 이야기를 들은 현자는 이렇게 대답했다.
"백작님, 이야기를 들어 보니 백작님의 형제들은 두 분 다 잘못하고 있는 것 같습니다. 부인을 그렇게 사랑하는 것도, 그렇게 싫어하는 것도 내색해서는 안 되기 때문입니다. 하지만 두 형제분뿐 아니라 부인들에게도 어느 정도의 책임은 있을 겁니다. 글쎄, 이런 경우 백작님께 화드리께 황제와 그의 황후 그리고 알바하네스 미나야와 그의 부인의 이야기를 해드리는 게 좋을 것 같습니다."

화드리께 황제는

한 귀족처녀와 결혼을 했지만 그들의 결혼생활은 순탄치 못했습니다. 그 이유는 결혼하기 전부터 있던 부인의 나쁜 습관을 황제가 미리 알지 못했기 때문이었습니다. 세월이 갈수록 그녀는 점점 다루기 어려운 여자가 되어갔습니다. 황제가 잠을 자고 싶어할 때 그녀는 깨어 있으려 했고, 황제가 누군가에게 호의를 표시하면 그녀는 즉시 그 사람을 증오하는 식이었죠. 황제가 좋아하는 모든 것들을 그녀는 싫어하며 황제가 하는 모든 일에 반대로 행동하곤 했습니다.

처음엔 참으려 했지만 어떤 방법을 써도 부인의 태도가 달라지지 않자, 황제는 자신의 그런 고통스런 삶은 자신에게뿐만 아니라 자신의 나라와 백성들에게도 해롭다는 사실을 깨닫게 되었습니다. 왜냐하면 부인의 비위를 맞추기 위해 행동하려면 어떤 합리적인 생각도 불가능했기 때문이었죠.

결국 황제는 교황에게 가서 그간의 상황을 이야기하고 이혼을 허락해 줄 것을 탄원하였습니다. 교황 역시 황후의 괴팍한 성격 때문에 결혼생활이 정상적으로 유지될 수 없다는 사실에 공감하긴 했지만 천주교리상 이혼은 금지된다는 사실을 납득시킬 수밖에 없었습니다.

 할 수 없이 황제는 자기 나라로 되돌아와 아부와 충고, 협박 등 자신이 할 수 있는 모든 방법을 다시 한 번 시도해 보았지만 황후의 나쁜 습성은 더욱 심각해질 뿐이었습니다.

 어느날 그는 더 이상 방법이 없다는 것을 깨닫고, 황후에게 이렇게 말했습니다.

 "나는 사슴사냥을 하러 나가는데 사슴을 죽이기 위해 화살촉에 묻힐 독성분이 있는 풀을 조금 가져갈 것이

오. 남은 풀은 다음번 사냥을 위해 남겨두고 가는데 독성이 강하기 때문에 절대로 피가 나는 상처부위나 종양 근처에 닿게 해서는 안 되오. 만약 그렇게 되면 어떤 생명체든 목숨을 잃게 되는 일이 생길 테니 조심하시오."

그리고 나서는 부인이 보는 앞에서 자신의 몸에 있는 종기 치료에 좋다는 고약을 발랐습니다. 부인뿐 아니라 주위에 있던 사람들은 모두 그 약효가 얼마나 금방 나타나는지 알게 되었죠. 그리고 황제는 부인에게 상처를 치료하려면 고약을 사용하지 절대 풀을 사용해서는 안 된다고 재차 당부한 후 사냥을 떠났습니다.

황제가 떠나자마자 황후는 이렇게 큰소리로 말하기 시작했습니다.

"여러분, 황제가 내게 뭐라고 얘기했는지 아세요? 그는 내가 앓고 있는 옴이 자기가 앓고 있는 종기와 다르다는 것을 알면서도 내게 자신이 사용하는 고약을 사용하라고 했답니다. 그 약으로는 내 병이 치료될 수 없다는 걸 알면서도 말입니다. 그리고는 내 병을 낫게 할 수 있는 풀은 절대 사용하지 말라고 했답니다.

나는 그가 돌아왔을 때 내가 다 나은 모습을 보고 당황하는 것을 보기 위해서라도 그 풀을 바르겠어요. 이렇게 하는 것이 아마 그를 가장 고통스럽게 하는 걸 테니까 말이에요."

그러자 곁에 있던 신하들과 궁녀들은 그 풀을 바르면 목숨을 잃게 될 테니 제발 그만두시라며 그녀를 설득하기 시작했습니다.

하지만 황후는 그 말을 듣지 않고 상처부위에 풀을 바르기 시작했습니다. 순식간에 죽음이 엄습했고 그녀는 자신이 한 행동을 후회할 틈도 없이 그 고집 때문에 죽음을 맞게 되었지요.

화드리께 황제 이야기가 끝나자 현자는 알바화네스에 관한 이야기를 시작했다.

이스까르 지방에는 선하고 정직한 알바화네스라는 사람이 살고 있었고, 꾸레야르 지방엔 세 딸을 둔 뻬드로 안수레스 백작이 살고 있었습니다. 어느날 알바화네스는 예고도 없이 뻬드로 백작의 집을 방문했습니다. 백작은 갑작스런 그의 방문에 매우 놀라긴 했지만 함께 식사를 하면서 즐거운 대화를 나누었지요. 이윽고 갑작스럽게 방문한 이유를 묻자 알바화네스는 백작의 세 딸 중 한 사람에게 청혼을 하려 하는데, 그 중 자신에게 가장 잘 어울리는 짝을 고를 수 있도록 세

딸과 따로따로 이야기할 시간을 갖게 해달라고 청했습니다. 알바화네스가 훌륭한 청년이라는 사실을 알고 있는 백작은 흔쾌히 요구를 받아들였지요.

백작의 첫째딸과 은밀히 만난 자리에서 알바화네스는 이렇게 얘기했습니다.

"나는 당신과 결혼하길 원합니다. 하지만 당신에게 먼저 고백할 것이 있습니다. 우선 저는 겉으로 보이는 것처럼 그렇게 젊진 않답니다. 전쟁에서 부상을 많이 당했기 때문에 몸이 아주 약하기도 하구요. 또 술을 조금만 마셔도 이성을 잃고 난폭해지기 일쑤며 정신이 들면 내가 무슨 얘길 했는지 무슨 행동을 했는지 기억조차 못한답니다. 이런 버릇 때문에 보통 여자들은 나와 결혼하길 꺼려하죠."

이야기를 모두 들은 첫째딸은 결혼이라는 건 자신의 문제만이 아니라 부모님의 문제이기도 하니 부모님과 상의해 보겠다고 대답한 후 돌아갔습니다. 그리고는 부모에게 그런 사람과 결혼하느니 차라리 죽는 게 낫겠다고 얘기했습니다. 그러자 백작은 알바화네스에게 큰딸은 아직 결혼할 뜻이 없는 것 같다고 둘러댔습니다.

다음으로 둘째딸과 이야기를 하게 된 알바화네스는 그녀에게 역시 똑같은 이야기를 했고 둘째딸의 반응 역시 큰언니와 다를 바가 없었습니다.

마지막으로, 똑같은 이야기를 들은 막내딸은 이렇게 말했습니다.

"당신 같은 분이 제게 청혼을 하다니 진심으로 하나님께 감사드려야겠네요. 그리고 당신이 말씀하신 그 술버릇은 제게 맡기세요. 제가 모든 일을 알아서 처리할 테니까요. 그리고 당신의 나이 또한 결혼생활을 하는 데 장애가 되진 않을 거예요. 그런 결혼생활로부터 얻는 좋은 것들도 많을 테니까 말이죠.

그 외에 다른 일들은 걱정하지 마세요. 저는 당신을 화나게 하지도 않을 것이며, 설사 당신이 화를 낸다 하더라도 한 마디 불평없이 참을 수 있으니까요."

결국 알바화네스의 말에 막내딸만은 현명한 대답을 했으며 그는 매우 만족해서 이해심 많은 여자를 만나게 해 준 신에게 감사를 드렸습니다. 그는 곧 뻬드로 백작에게

막내딸과 결혼하고 싶다고 말했고 백작 역시 기쁜 마음으로 즉시 결혼식을 치러 주었습니다. 그의 부인이 된 막내딸 도냐 바스꾸냐나는 신중하고 사려 깊은 여인이었기 때문에 알바화네스는 매우 행복해 했으며 그녀가 원하는 모든 일을 할 수 있도록 항상 배려했습니다.

그녀도 남편을 매우 사랑했으며 남편이 현명하다고 생각했기에 그의 모든 언행은 항상 옳다고 믿었습니다. 남편의 모든 행동과 말들이 그녀를 항상 기쁘게 했으며 남편이 좋아하는 어떤 일에도 반대의 뜻을 표시하지 않았습니다. 그것은 단지 남편을 기쁘게 하거나 남편에게 아부를 하기 위해서가 아니라 남편이 원하거나, 말하고 행동하는 모든 일이 옳으며 누구도 그보다 더 옳은 일을 할 수 없다는 진정한 믿음에서 나온 것이었습니다.

그녀는 아주 현명하고 신중해서 언제나 이치에 합당한 일을 했기 때문에 알바화네스도 그녀를 더욱 사랑하게 되었으며 그녀가 하려는 모든 일을 언제나 따르고 존중했지요.

그러던 어느날 알바화네스 집에 조카 하나가 찾아왔습니다. 그 조카는 궁정에서 왕의 시중을 들던 자였는데 얼마간을 숙부 집에 머무르게 되었습니다. 하루는 그 조카가 알바화네스에게 숙부는 모든 것이 다 좋지만 한 가지 흠이 있다고 말했습니다. 그것은 숙부가 숙모에게 재산을 관리하는 데 너무 많은 권한을 준다는 것이었습니다. 그러자 알바화네스는 며칠 후면 그 까닭을 알게 될 거라고 얘기했습니다.

그 일이 있은 지 얼마 되지 않아 알바화네스는 부인에게 아무 이야기도 하지 않은 채 조카를 데리고 집을 떠났습니다. 그러나 얼마 후 사람을 보내 부인이 자신의 뒤를 따라올 수 있도록 했습니다.

앞에선 숙부와 조카가 말을 타고 가고 있었고, 멀리 뒤에선 부인이 그들을 따라가고 있었습니다. 한참을 가다 그들은 소떼를 발견하게 되었지요. 그러자 알바화네스는 이렇게 말하는 것이었습니다.

"애야, 너 보았니? 얼마나 멋진 말들이냐!"

이 말을 들은 조카는 놀라긴 했지만 숙부가 농담을 하고 있을 거라 생각하며 말했습니다.

"숙부, 저건 말이 아니라 소예요."

그러자 숙부는 여전히 소떼를 보고 말떼라고 우겼습니다. 조카 역시 숙부가 정신이 나갔다고 생각하며 입씨름을 하기 시작했습니다. 그러던 중 멀리서 바스꾸냐나의 모습이 보이기 시작했습니다.

그러자 조카는 숙모에게 이렇게 말했습니다.

"숙모님, 숙부와 저는 지금 말다툼을 하고 있었어요. 숙부가 저 소들을 보고 계속 말이라고 우기시길래, 제가 저건 말이 아니라 소라고 말씀드렸죠. 그랬더니 숙부는 제가 정신이 나갔다고 하시네요. 그러니 숙모님이 숙부님께 누가 옳은지 말씀을 해주세요."

그러자 그녀는 이렇게 대답했습니다.

"저도 저 무리가 소떼로 보입니다. 하지만 우리가 잘못 알았을 거예요. 왜냐하면 숙부가 저것이 말들이라고 확신하신다면 확실히 저건 소가 아니라 말일 테니까요."

그리고는 조카와 거기에 있던 모든 사람들에게 그 동물의 색깔이나 특징을 가리키며 남편의 주장이 맞다고 그들을 설득하기 시작했습니다. 그녀가 그렇게 확신에 차 이야기를 하자 그곳에 함께 있던 사람들은 서서히 자신들이 착각을 했으며, 그들이 본 것은 알바화네스의 이야기대로 소떼가 아니라 말떼였을 거라고 믿게 되었습니다.

이윽고 다시 길을 가던 중 그들은 이번에는 말떼를 만나게 되었습니다. 그러자 알바화네스는 조카에게 말떼를 보고 소떼라고 얘기했습니다.

이 이야기를 들은 조카는 역시 소떼가 아니라 말떼라고 말하며 숙부가 정신이 나갔다고 했습니다. 알바화네스 역

시 다시 말떼를 보고 소떼라고 우겼고 또 다시 그들의 입씨름이 시작되었지요. 그러던 중 바스꾸냐나가 또 다시 그들이 있는 곳까지 다다랐고, 소떼를 만났을 때와 똑같은 상황이 벌어졌습니다. 결국 바스꾸냐나의 설득으로 함께 있던 사람들은 말떼를 소떼라고 믿게 되었습니다.

다시 길을 가던 중 그들은 물레방아가 있는 강에 이르게 되었습니다. 말들에게 목을 축이게 하면서 알바화네스는 이 강은 위로 흐르고 있으며 그래서 물레방아는 위에서 아래로 물을 받는 것이 아니라 아래서 위로 받고 있다고 조카에게 우기기 시작했습니다.

그러자 조카는 자신이 말을 소로, 소를 말로 생각했을 때처럼 또 착각하고 있는지도 모르겠다는 생각을 하긴 했지만 여전히 자신의 생각을 말해 또다시 입씨름이 시작되었습니다. 얼마 후 바스꾸냐나가 도착하자 그녀는 남편의 뜻에 동조하며 여러 이유를 들어 사람들을 설득하기 시작했습니다.

그러자 사람들은 또다시 조카가 착각했다고 믿었지요. 그러자 이젠 조카 자신도 바스꾸냐나의 말에 설득되어 스스로가 판단력을 잃었다고 생각하게 되었습니다.

이윽고 조카가 골똘히 생각에 잠겨 있는 것을 보고 알바화네스는 이렇게 말했습니다.

"애야, 언젠가 네가 나에게 얘기했던 그 한 가지 흠에 대해 이젠 답이 된 것 같구나. 사실 나 역시 너의 주장이 옳다는 것을 알고 있었단다. 처음에 본 것은 네 말대로 소였고, 나중에 본 것 역시 네 말대로 말이었지. 물론 네 숙모 역시 네 말이 사실이라는 것을 알고 있었을 거다. 하지만 네 숙모는 항상 나의 판단이 옳다고 믿었기 때문에, 내가 착각할 거라고는 생각하지 않았고 그래서 그렇게 많은 이유와 논리를 대면서 내가 옳다는 것을 사람들에게 믿게끔 한 것이란다.

네 숙모는 우리가 결혼한 첫날부터 내가 하는 어떤 일에 대해서도 반대하지 않았고, 언제나 내가 하는 모든 일이 가장 옳고 합당한 일이라고 믿어왔단다. 어떠한 순간에도 내 이름과 명예에 해가 되는 일은 하지 않았으며 모든 이에게 내 뜻에 복종해야함을 일깨워주었단다. 그것은 결코 자기의 이익이나 명예를 위해서가 아니라 나의 명예를 위해서였지.

나와 별 상관이 없는 사람이 나를 위해 이렇게 했더라도 그 사람을 위해 할 수 있는 모든 일을 다 할텐데, 다른 사람도 아닌 내 아내가 나를 위해 이렇게 기쁨과 행복을

가져다주니 네 숙모를 위해 무엇인들 못하겠니."

조카는 알바화네스의 이야기를 듣고, 숙부가 숙모를 그렇게 사랑하고 숙모를 위해 최선을 다하는 것이 옳은 일이라는 것을 깨닫게 되었습니다.

"백작님. 황제의 부인과 알바화네스의 부인은 상당히 큰 차이가 있습니다. 당신의 동생들이 한 분은 부인을 끔찍히 사랑하고 또 다른 한 분은 끔찍히 싫어하는 잘못을 저지르고 있다면, 아마 그 동생분들의 부인은 제가 말씀드린 황후나 바스꾸냐나처럼 행동할 것입니다. 부인들이 그러하다면 동생분을 비난해서는 안 되겠죠. 하지만 제가 말씀드린 두 경우처럼 부인들이 그렇게 선하지도 그렇게 제 맘대로인 것도 아니라면 그땐 남편들에게 잘못이 있는 것입니다.

부부 사이에 불신감이 생기면 결국은 앞에서 말한 화드리께 황제와 황후의 경우처럼 불행한 결과를 낳게 됩니다. 평생 함께 살아가야 할 사람이라는 것을 서로 깨달아 남편이 부인을 신뢰하고 부인도 남편을 신뢰하는 것이 가장 바람직한 일입니다."

부부 사이에 무엇보다 중요한 것은 서로에 대한 신뢰감이다.

죽은 척해야 했던 여우이야기

어느날 백작이 현자에게 얘기했다.
"현자여, 내 친척 가운데 한 사람은 형편이 별로 좋지 않아서 그런지 다른 사람들에게 갖은 모욕과 간섭을 받으며 살고 있소. 사람들은 내심 공개적으로 대놓고 그 사람을 헐뜯을 구실이 될 일을 하기를 바라고 있다 하오. 나의 친척은 이제 더 이상 사람들의 모욕을 참기 어렵다면서 어떤 위험을 무릅쓰고라도 그런 상태에서 벗어나야겠다고 얘기한다오. 이럴 때 내가 어떤 충고를 해야 할지 그대의 현명한 조언을 좀 들려주시오."

그러자 현자는 백작에게 죽은 척해야 했던 한 여우의 이야기를 들려주었다.

어느 날 밤

여우 한 마리가 닭장으로 들어갔습니다. 닭을 쫓다보니 어느 새 날이 밝아왔고 이미 사람들이 길가에 나타나기 시작했기 때문에 숨을 길이 없다는 것을 알게 되었습니다. 고민끝에 여우는 밖으로 몰래 나와 길가에 죽은 것처럼 누워 있기로 했습니다. 길을 가던 사람들은 여우가 이미 죽었다고 생각한 나머지 아무 신경도 쓰지 않았습니다. 그러던 중 한 사람이 여우가 죽어 있는 것을 보고 여우의 이마에 있는 털을 아이들 이마에 붙이면 좋겠다고 생각해 가위로 털을 자르기 시작했습니다. 또 다른 사람은 여우 등의 털을, 그 다음 사람은 옆구리 털을 잘라 갔습니다. 이런 식으로 결국 여우는 털이 모두 깎인 채 길가에 누워 있었습니다. 하지만 여우는 그까짓 털이 잘린 것은 별다른 문제가 되지 않을 거라고 생각하고 여전히 죽은 시늉을 했습니다.

하지만 그 다음 사람은 여우의 엄지손톱이 생인손을 치료하는 데 효과가 있을 거라 생각하고 손톱을 뽑아 갔고, 그 다음 사람은 여우의 이가 어금니 통증을 치료하는 데 효과가 있을 거라 생각하고 이를 뽑아 갔습니다. 하지만 여전히 여우는 움직이려 하지 않았습니다.

마지막으로 한 남자가 나타나 여우의 심장이 사람의 심장병을 치료하는 데 좋을 거라고 말하면서 칼을 꺼내 여우의 심장을 꺼내려 했습니다. 이때
여우는 자신의 심장을 도려낸다면
더 이상 자신은 회복할 길 없이 목
숨을 잃을 게 뻔하니 위험을 무릅쓰
고라도 도망쳐야겠다고 생각했습니
다. 그리고는 즉시 일어나 재빨리 도망쳤습니다.

"백작님, 친척에게 이렇게 충고해주는 게 좋겠습니다. 특별히 자신에게 큰 피해가 되는 일이 아니라면 웬만한 일은 참는 것이 낫고, 특별히 적극적인 방안이 없을 땐 차라리 수치심을 느끼거나 모욕적이라는 내색을 하지 않는 게 좋겠다고 말입니다. 왜냐하면 수치심이나 모욕을 느낀다는 것을 다른 사람들이 알게 될 경우 자신에겐 이로울 것이 하나도 없기 때문이지요. 피할 수 있고 참을 수 있는 일이라면 참는 것이 좋습니다. 하지만 명예에 큰 해가 되는 경우라면 죽음을 무릅쓰고라도 대처하는 것이 좋겠지요. 불명예스럽게 사느니 명예와 권리를 지키며 죽음을 맞는 게 오히려 나으니까 말입니다."

불명예스런 일이면 죽음을 무릅쓰고서라도 대처하는 게 좋지만,
웬만한 일은 참고 잊을 수 있는 것은 잊어야 한다.

변덕스런 아내를 둔 남자이야기

어느날 백작이 현자에게 이렇게 말했다.

"현자여, 내게 항상 도움을 청하는 한 사람이 있소. 그런데 그 자는 내가 도움을 주었을 때는 감사하게 여기지만 계속되는 부탁을 한번이라도 거절하면 그동안 내가 해주었던 일들은 모두 잊고 불만을 토로한다오. 이런 경우 어떻게 해야 하는지 당신의 의견을 듣고 싶소."

그러자 현자는 백작에게 세비야의 왕 아베나벳과 그의 부인 라마이끼아의 이야기를 들려주었다.

세비야의 왕 아베나벳은 부인 라마이끼아를 세상 그 누구보다 사랑하고 있었습니다. 그녀는 훌륭한 부인이었기에 아랍인들에게 좋은 모범이 되었기 때문이었습니다. 하지만 그녀에게도 흠이 있었는데 그것은 때때로 심한 변덕을 부린다는 것이었습니다.

어느해 2월 그들이 꼬르도바에 머무를 때의 일입니다. 어느날 갑자기 폭설이 내렸는데 이를 본 라마이끼아는 갑자기 울음을 터뜨리기 시작했습니다. 왕이 부인에게 우는 이유를 묻자 대답하기를 항상 눈 내리는 것을 볼 수 있는 곳에 살지 못하기 때문이라고 했습니다.

그러자 왕은 그녀를 기쁘게 해주기 위해 꼬르도바의 모든 산에 편도나무를 심게 했습니다. 꼬르도바는 날씨가 더운 지역이라 거의 눈이 내리지 않지만 다 자란 2월의 편도나무는 눈이 흩날리는 것처럼 보이기 때문입니다. 왕은 이렇게 해서라도 부인의 소원을 들어주고 싶었던 것이지요.

또 하루는 라마이끼아가 강이 내다보이는 방에서 한 여자가 맨발로 진흙탕 속에 들어가 벽돌을 만들고 있는 모습을 보게 되었습니다. 이를 지켜보던 그녀는 갑자기 울음을 터뜨리기 시작했습니다. 왕이 우는 이유를 묻자, 자신은 강가에 있는 그 여자처럼 저런 일을 한 적이 한번도 없기 때문에 불행하다는 것이었습니다.

그러자 왕은 부인을 기쁘게 해주기 위해 꼬르도바의 큰 연못에 원래의 연못물 대신 장미빛 물을 채우게 하고, 진흙 대신에 설탕, 계피, 향료, 사향 등 좋은 냄새가 나는 모든 것으로 채워 놓게 했습니다.

또한 짚 대신 사탕수수를 심어놓게 했습니다. 연못에 모든 준비가 다 끝나자 왕은 부인에게 신을 벗고 들어가 진흙 속에서 만들고 싶은 만큼 마음껏 벽돌을 만들라고 했습니다.

그러던 어느날 또 어떤 이유에서인지 라마이끼아는 울기 시작했습니다. 이유를 묻는 왕에게 말하기를 당신이 나를 기쁘게 하기 위해 해준 게 아무것도 없는데 어떻게 울지 않을 수 있겠냐고 대답하는 것이었습니다. 이미 부인의 소원을 들어주기 위해 모든 방법을 다 시도한 나머지 더 이상 해줄 것이 없다는 것을 깨달은 왕은 그녀에게 이렇게 넋두리를 하기 시작했지요.

"다른 건 다 잊어도 내가 당신을 기쁘게 하기 위해 준비했던 그 진흙을 잊어서는 안 되는데…."

"백작님, 백작님께서 그 사람을 위해 아무리 많은 것을 해주어도, 부탁하는 것을 모두 다 들어주지 않는다면 결국 나중에 그 사람은 백작님이 해주신 일들을 다 잊고 오히려 불만을 토로할 것입니다. 그러니 절대 백작님의 재산에 피해가 되는 일은 하지 마십시오. 또한 누군가가 백작님을 위해 무슨 일을 했을 때 비록 흡족할 정도는 아니더라도 그 사람에게 받은 도움을 결코 잊지는 마십시오."

남들이 자신의 선행을 알아주지 않는다고 해서
선행의 미덕을 버려서는 안 된다.

서로 종을 치겠다고 싸운 두 성직자

어느날 백작이 현자에게 말했다.
"현자여, 내 친구와 나는 우리 둘의 명예에 도움이 되는 일을 하고 싶어한다오. 나는 혼자서도 그 일을 할 수가 있지만 그가 도착할 때까지 차마 그 일을 할 엄두가 나지 않소. 이런 경우 어떻게 해야 하는 건지 현명한 당신의 이야기를 듣고 싶소."

그래서 현자는 대교회의 성직자들과 파리의 수도사들 사이에 일어난 일을 이야기하기 시작했다.

대교회의 성직자들은 교회의 우두머리인 그들이 새벽종을 쳐야 한다고 날이면 날마다 주

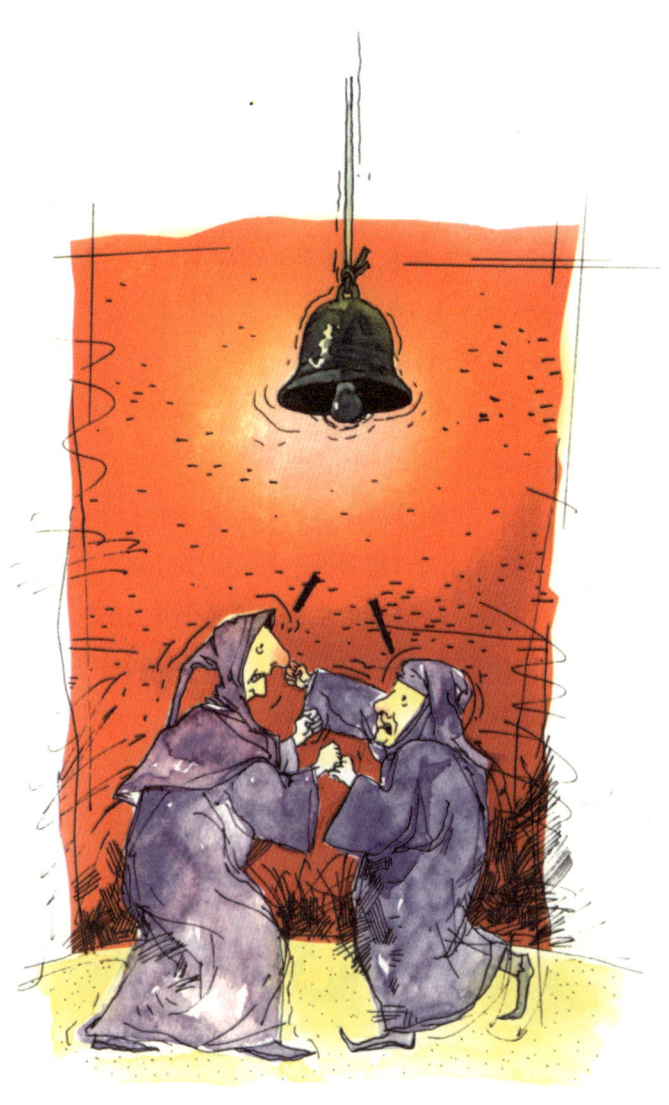

장했습니다. 그러자 수도사들은 교회 성직자들은 공부도 해야 하고 새벽기도도 드려야 하므로 시간을 허비해서는 안 되지만, 자신들은 그런 일들을 할 필요가 없으므로 자기들이 새벽종을 쳐야 한다고 반박하였습니다.

결국 이 문제를 놓고 큰 소송이 일어났고 이 소송을 위해 양측은 변호사에게 엄청난 돈을 지불해야 했습니다. 이 소송이 오랜 시간 계속되자 교황은 한 추기경에게 어떤 식으로든 이 사건을 해결하라며 모든 문제를 위임했습니다. 추기경은 그간의 서류를 가져오도록 시켰습니다.

엄청난 양의 서류를 보고 추기경은 양측에게 그 다음날 판결을 하겠으니 참석을 하라는 통지를 보냈습니다. 이윽고 다음날 양측이 모인 자리에서 추기경은 모든 서류를 태워버리고 다음과 같이 이야기하기 시작했습니다.

"여러분, 이 소송은 너무나 오래 지속되었습니다. 당신들 모두 많은 돈을 낭비했고 많은 피해를 입었습니다. 그래서 더 이상 이 소송을 끌고 싶지 않습니다. 그러므로 다음과 같이 판결합니다. 먼저 일어난 사람이 먼저 종을 치도록 하십시오."

이야기가 끝나자 현자는 이렇게 얘기했다.

"백작님, 그 일이 백작님과 친구분, 두 분 모두에게 유익한 것이지만 우선 백작님께서 해결하실 수 있는 일이라면 친구분을 기다리지 말고 서둘러 일을 처리하십시오. 왜냐하면 때때로 잘 마무리될 수 있는 일이 미적거리다 정작 그 일을 처리하려고 할 땐 해결되지 않을 수도 있으니까 말입니다."

> 일이란 다 때가 있다. 그러므로 유익한 일이면
> 지체 없이 그 일을 처리해라.

매와 독수리 이야기

"현자여, 지금까지 수차례의 전쟁으로 지쳐 있었지만 이제 평정을 되찾았다네. 어떤 이들은 편안히 쉬라고 하고 또 다른 이들은 모로인들과의 격전을 준비하라고 충고를 하지. 이 상황에서 그대의 지혜를 빌리고 싶소."

현자는 옛날 마누엘이라고 하는 왕자가 기르던 매에게 일어났던 이야기를 시작하였다.

어느 날, 마누엘 왕자가 사냥을 갔을 때의 일입니다. 왕자의 매가 백로를 보자 높이 날아 덮칠 자세를 했죠. 그런데 바로 그때 독수리가 그런 매를 보고 공격하려고 했답니다. 매는 독수리가 두려워서 백로를 두고 도망갔어요. 그런데 독수리 역시 매를 잡을 수 없다는 생각이 들자 날아가 버렸죠. 그러자 매는 다시 백로에게 덤볐습니다. 그러나 독수리가 매를 잡기 위해 되돌아오자 매는 또다시 도망쳤습니다. 이런 식으로 잡으려다 도망가고 되돌아오기를 서너 번이나 되풀이했답니다.

이윽고 매는 백로 사냥을 독수리가 방해하고 있다는 것을 깨닫고, 이번에는 백로를 그대로 두고 독수리에게 덮쳤습니다. 그리고 독수리가 도망가자 이 사이에 매는 백로를 한대 치고 주위에서 멀리 벗어났습니다. 이렇게 백로를 일부러 멀리 떨어지게 한 뒤, 다시 백로를 향해 높은 공중으로부터 덮치려고 하는데 그때 다시 독수리가 자기를 죽이러 오는 것을 보았습니다. 매는 이제 독수리가 별 것 아니라고 판단하고는 독수리 위에 올라타 그를 백로를 향해 내리쳤고 크게 얻어맞은 독수리의 날개 한쪽은 부러지고 말았죠. 그러자 매는 다시 백로에게 돌아와 그를 죽였고 마지막으로 백로 사냥을 방해한 독수리에게 덮쳤습니다.

"백작님, 당신의 사냥, 명예, 그리고 당신의 몸과 영혼에 가장 유익한 것은 신을 섬기는 것입니다. 그리고 지금 당신의 상황에서 신에게 바칠 수 있는 최선의 것은 모로인과 전쟁을 해서 우리의 성모마리아와 카톨릭 신앙을 고양시키는 일입니다.

다시 말씀드리지만, 다른 면에 있어서 확고한 통치를 하고 계신다면 이제 모로인들과 싸우시면 많은 이점들이 있을 것입니다. 첫째는 신을 섬기는 일이 되고, 둘째는 명예를 얻을 수 있습니다.

왜냐하면 훌륭한 인간은 보잘것 없는 빵이나 먹고 사는 것이 아니라 명예로운 일과 역할을 가지고 살아가기 때문입니다. 일이 없는 사람들은 다른 사람들에게 도움이 될 수도 없을 뿐만 아니라 꼭 해야할 것도 못한답니다. 그러므로 어떤 일을 갖는다는 것은 선하고도 유익한 것입니다. 동시에 일들 중에서도 육체와 영혼을 위해 매우 명예롭고 유용한 일은 언제나 희생이 따르게 마련이랍니다.

모로인과의 전쟁처럼 말이죠. 백작님, 당신은 언젠가 반드시 죽게 되어 있다는 것과 당신이 얼마나 많은 죄를 신 앞에서 범했는지를 생각해 보셔야 합니다. 신은 공평하시고 정의로우시므로 당신은 고통없이 죄에서 벗어나지 못할 것입니다.

당신은 죄를 용서받을 수 있는 방법을 찾아야 합니다. 그래서 만일 당신이 전쟁에서 생명을 잃는다면, 당신은 속죄의 차원에서 순교자가 되는 것이며, 만일 전쟁에서 무사하게 승리를 거두신다면, 당신의 선한 의도와 위대한 업적이 당신을 구원할 것입니다."

신이 인도하는 길이라면, 크나큰 축복을 얻기 위해 싸워야 한다.

길잡이 소경 따라가기

오늘도 백작이 현자와 대화를 나누고 있었다.

"나의 유일한 조언자이자 친구인 현자여, 그대가 참으로 신실하고 나에 대한 정이 깊은 것을 믿고 부탁하니, 내가 어떤 의심스러운 곳에 가도 괜찮을지에 대해서 조언을 해줄 수 있겠소? 친구는 두려워 말라고 하며, 내게 어떤 불행한 일이 닥치는 것을 보느니 차라리 자기가 죽겠노라며 안심을 시킨다오. 그러니 이에 대한 조언을 해주시오."

현자가 말했다.

"백작님, 조언하기에 앞서, 한 소경과 또 다른 소경에게 일어났던 일을 먼저 이야기하기로 하지요."

백작이 어떤 이야기인지 재촉하여 묻자, 현자는 이야기를 시작하였다.

어느 마을에
갑자기 시력을 잃은 불쌍한 장님이 살고 있었습니다. 그런데 그 마을에 살고 있던 또 다른 장님이 찾아와서, 근방의 어느 마을에 함께 가서 동냥질이나 하며 지내면 그럭저럭 생계를 꾸려 갈 수 있을 거라고 설득을 하기 시작했습니다.

첫 번째 장님이 말하기를, 마을로 가는 길은 훤히 아는 길인데, 구덩이도 많고 벼랑도 많은 매우 위험한 길인지라 길을 떠나기가 무척 두렵다는 것이었습니다.

그러나 두 번째 장님은 자기도 그 길을 잘 알고 있으니 안심하고 갈 수 있을 것이라고 대답했습니다. 수많은 이유를 들어 설득시켰기 때문에 첫 번째 장님은 동료 장님을 믿기에 이르렀고 마침내 그들은 목적지를 향해 길을 나섰습니다.

이윽고 위험한 장소에 이르렀을 때, 자신만만하게 인도하던 장님은 구덩이에 빠졌고, 잇따라 여행을 두려워했던 첫 번째 장님도 빠져버렸답니다.

"그러니, 백작님, 합당한 이유로 의혹이 가는 일이라면, 또한 그것이 참으로 위험한 일이라면, 그 일에 말려들지 마십시오. 설령 가장 절친한 친구가 당신에게 어떤 해를 입게 하느니 차라리 자기가 죽겠노라는 말로 설득을 시키더라도 말입니다. 만일 돌이킬 수 없는 재난이 닥쳐서 당신의 친구가 죽는다고 한다면, 그것이 당신에게 무슨 이득이 되겠습니까."

가령 절친한 친구가 당신에게 어떤 해를 입게 하느니 차라리 자기가 죽겠노라고 설득한다 해도 위험한 곳에는 발을 들이지 말라.

난폭한 신부 길들이기

한번은 백작이 심각한 목소리로 현자에게 이렇게 이야기했다.

"현자여, 나의 부하 가운데 한 사람이 자기보다 부유하고 가문도 나은 여자와 결혼을 하려고 하는데, 한 가지 걱정이 있다면, 세상에서 그 여자처럼 사나운 여자는 아무도 찾아볼 수 없을 거라고 소문이 크게 나 있다는 사실이라오. 과연 부하에게 그 여자와 결혼하라고 해도 괜찮을지 어떨지 알 수가 없으니 그대의 의견을 나에게 이야기 좀 해주시오."

그러자 현자는 어느 선한 아랍인의 아들이 결혼하게 된 이야기를 들려주었다.

선량한 아랍인이

아들과 함께 살고 있었습니다. 아들은 마을에서 가장 훌륭한 청년이었지만 워낙 가난해서 하고 싶은 일들을 할 수가 없었습니다. 그는 의욕은 많았지만 여건이 되지 않았기 때문에 한껏 풀이 죽어 지냈습니다.

같은 마을에는 그 청년의 아버지보다 훨씬 부자고 세력도 있는 사람이 살고 있었습니다. 그에게는 외동딸이 있었는데 그 딸은 청년의 곧은 성품과는 대조적으로 사납고 모난 성격의 소유자였습니다. 그래서 그 사나운 여자와 결혼하고 싶어하는 남자가 단 한 명도 없었답니다.

어느날 그 선량한 청년은 아버지에게, 자신은 물려받을 재산이 없어 평생 초라하고 궁핍하게 살든지 아니면 고향을 떠나야 할 지경이니 차라리 자기가 좋은 혼처를 찾아보는 것이 현명하지 않겠느냐고 말했습니다. 아버지는 아들의 말이 맞다며 그렇게 하라고 대답했습니다.

그러자 아들은 아버지에게 같은 마을에 사는 그 부자를 찾아가 딸을 달라고 부탁하라는 것이었습니다. 이 말을 들은 아버지는 매우 놀라며 아무리 가난한 사람일지라도 그 딸의 성격을 아는 한 그녀와는 결혼하고 싶어하지 않는다고 말했습니다. 그러나 아들은 꼭 그녀와 결혼하겠다면서 비록 당장은 이상하게 보이겠지만 반드시 좋은 결과를 얻겠노라며 간청했습니다.

아들의 뜻이 워낙 확고한지라 아버지는 곧장 그 부자 친구를 찾아가 아들의 말을 그대로 전하면서 자기 아들이 그의 딸과 결혼하도록 허락해 달라고 부탁했습니다. 그 얘기를 들은 친구는 이렇게 대답했습니다.

"여보게, 만일 그 결혼을 허락한다면 나는 친구가 아니라 사기꾼일 걸세. 자네 아들이 불행해질 수도 있고 자칫하다간 죽을 수도 있는데, 그러면 나는 정말 나쁜 놈이 되는 게 아닌가.

확신하건대 내 딸과 결혼하게 되면 죽거나 아니면 죽는 것만 못한 삶을 살아가게 될 걸세. 자네 뜻을 저버리기 위해 이렇게 말하는 것이 아니라는 것을 알아주게. 만일 정말로 내 딸을 사랑하여 데려만 가준다면 자네 아들이 아니라 그 누구라 해도 기꺼이 줄 수 있네."

그러나 청년의 아버지는 그렇게 말해 주니 고맙기는 하지만 아들이 그 딸과 결혼하기를 무척 원하고 있으니, 자기의 아들을 기쁘게 받아 주었으면 한다고 덧붙였습니다.
 이윽고 결혼식이 올려졌고 신랑과 신부는 신랑 집으로 갔습니다. 다른 사람들은 아랍인들의 관습대로 신혼 부부

에게 저녁상을 차려주었습니다. 그리고 양가의 부모와 친척들은 신랑이 다음날 심하게 다쳐 있거나 시체로 발견되지나 않을까 걱정을 하면서 두 사람을 남겨두고 모두 나갔습니다.

두 사람만이 남게 되자 이들은 식탁에 마주앉았습니다. 신부가 한마디 말을 채 꺼내기도 전에 신랑은 주위를 두리번거리더니 개 한 마리를 보고 성을 내며 말했습니다.

"이봐, 이 개놈아, 손 씻을 물 좀 가져와!"

개가 그대로 있는 것을 보더니 그는 더욱 화가 나서 손 씻을 물을 가져오라고 다시 소리쳤습니다. 이번에도 아무 반응이 없자 그는 미친 듯이 성을 내더니 식탁에서 일어나서는 칼을 집어들고 개에게 갔습니다.

사람이 자기를 향해 칼을 들이대며 다가오는 것을 본 개는 도망가기 시작했습니다. 그러자 젊은이도 개를 쫓아갔습니다. 그들은 테이블, 식탁, 화로 위를 뛰어다녔고 마침내 젊은이는 개를 잡아 머리와 다리를 잘라 토막을 내면서 테이블보, 식탁할 것 없이 온 집안을 피로 범벅이 되게 만들었습니다.

아직도 채 화가 가라앉지 않은 젊은이는 피투성이인 채로 식탁으로 돌아왔고 다시 주위를 살피더니 이번에는 고양이를 보고 손 씻을 물을 가져오라고 했습니다. 역시 아무 반응이 없는 것을 본 젊은이는 격분하여 말했습니다.

"아니, 이 응큼스러운 간신 같은 놈아! 내 명령을 듣지 않은 개가 어떻게 되었는지 못 보았어? 만약 내게 복종하지 않는다면 너도 똑같은 신세로 만들어 버리겠다."

고양이가 물을 가져올 수 없는 것은 당연한 일이기에 꼼짝도 않고 있었습니다. 그러자 젊은이는 식탁에서 일어나더니 고양이의 다리를 붙잡아 벽에다 대고 치면서 갈기갈기 찢어 놓았습니다. 이번에는 개를 죽였을 때보다 더 화가 난 것 같았습니다.

젊은이는 이렇게 사납고 성난 모습으로 다시 식탁에 와서는 사방을 둘러보는 것이었습니다. 신부는 신랑이 미쳤거나 이성을 잃었다고 생각했지만 꿀먹은 벙어리처럼 아무 말도 하지 못했습니다.

신랑은 사방을 둘러보더니, 이젠 집에 유일하게 남은 말 한 마리를 뚫어지게 쳐다보는 것이었습니다. 그리고 그 말에게 손을 씻으려 하니 물을 가져오라고 매우 사납게 소리쳤습니다. 당연히 말은 움직이지 않고 그대로 있었죠. 그러자 신랑은 또 말했습니다.

"이봐, 이 집에 네놈만 남았다고 해서 명령을 거역해도 내가 가만히 내버려둘 거라고 생각하나? 만일 내 말을 듣지 않는다면 네놈뿐 아니라 이 세상 어떤 놈이라도 방금 전 개나 고양이 같이 비참한 죽음을 면치 못할 거라는 걸 명심해!"

말이 자기 말을 듣고도 꼼짝하지 않고 있자 그는 이제까지보다 더 화를 내며 말의 목을 베어 버리고, 완전히 잘게 토막을 내었습니다.

신부는 신랑이 분개해서 자기 명령에 복종하지 않는 모든 것들은 그와 같은 결과를 맞게 될 거라고 소리치며 하나밖에 없는 말까지 죽이는 것을 보자, 그가 장난삼아 그

러는 것이 아니라는 것을 알고 완전히 겁에 질려 있었습니다.

만일 집에 천 마리의 말과 천 명의 사람이 있다 하더라도 자기 명령을 어긴다면 똑같은 방식으로 죽여버리겠다고 맹세를 하면서 신랑은 화가 머리끝까지 오른 상태로 피투성이가 되어 다시 식탁으로 돌아왔습니다. 그리고는 피로 범벅이 된 칼을 쥔 채 사방을 살피더니 주변에 살아 있는 것이라고는 오직 자기 부인밖에 없다는 것을 알고는 그녀를 향해 말했습니다.

"일어나서 손 씻을 물을 가져오시오."

부인은 무슨 화를 당할지 알 수가 없었으므로 얼른 일어서서 손 씻을 물을 가지러 달려갔습니다.

"아! 당신이 내 말을 듣다니 신께 감사한다오. 만일 그렇지 않았더라면 내 명령에 불복종한 녀석들과 같은 신세가 될 뻔했지 뭐요."

그런 다음 신랑은 즉시 음식을 준비하라고 했고 그녀는 신랑이 시키는 대로 했습니다. 그가 난폭한 투로 명령할 때마다 그녀는 머리가 땅에 닿도록 숙이며 그의 말을 들었습니다.

이렇게 신부는 말 한마디 못하고 남편이 시키는 대로 복종하면서 밤을 보냈고 이윽고 그들은 잠자리에 들었습니다. 잠시 후 남편이 이렇게 말했습니다.

"오늘밤에는 내가 너무 화가 났던 모양이오. 지금까지 잠을 제대로 잘 수가 없었소. 그러니 아침에 아무도 나를 깨우지 않도록 신경을 쓰시오. 그리고 일어나자마자 아침을 먹을 수 있도록 준비해 놓도록 하시오."

이윽고 아침이 되어 양가의 부모들이 신혼부부의 집에 도착했습니다. 그들은 집안에서 아무런 소리도 들리지 않자 분명히 남편이 이미 죽었거나 심하게 다쳤을 거라고 생각했습니다. 대문 틈을 통해서 집안을 들여다본 그들은 집안에 신부밖에 없다는 것을 알고 공포에 떨기 시작했습니다.

신부는 문밖에 부모님들이 오신 것을 알고 그들에게 조용히 가서는 두려움에 떠는 목소리로 말했습니다.

"쉿, 조용히들 하세요. 이렇게 떠들다가 그이가 깨기라도 하는 날이면 우리 모두 그 사람 손에 줄초상이 날 거라구요."

신부의 말에 깜짝 놀란 그들은 지난밤의 일을 신부에게 모두 전해듣고는, 사나운 신부를 다스리기 위해 신랑이 그런 행동을 했다는 것을 알게 되었습니다. 그날 이후 그 신부는 세상에서 가장 순하고 행복한 여자가 되었습니다.

이것을 본 신부의 아버지도 자기의 부인을 다스려 볼

심산으로 사위가 했던 것처럼 마구 화를 내며 집에 있는 말을 죽였습니다. 그러자 그의 부인은, "이봐요, 당신은 너무 늦었어요. 당신이 말 백 마리를 죽인다고 해도 아무런 효과도 없을 거예요. 그럴려면 좀더 일찍 시작하셨어야죠. 우리는 이제 서로를 너무 잘 알잖아요?" 하고 말하는 것이었습니다.

"그러므로 백작님, 만일 당신의 부하가 그 사위와 같이 집안을 다스릴 줄 아는 사람이라면 결혼을 허락하시고, 만일 그렇지 못하다면 그만두게 하십시오. 그리고 더 나아가 만일 백작님이 사람들과 함께 어떤 일을 하신다면, 당신께 함부로 대할 수 없다는 것을 처음부터 깨우쳐 주어야 합니다."

당신이 어떤 사람인가를 처음부터 알리라.
그러지 않으면 후에 아무리 알리려 해도 소용이 없을 것이다.

역자 후기

산문의 대가이면서 동시에 시인이기도 했던 돈 후안 마누엘(1282-1348)의 모든 작품들 중에서 후세에 관심을 가장 많이 끈 것은 역시 이 책 《내 마음의 명작동화》이다. 이 작품이 오랜 세월 동안 스페인 민중들의 고전으로 자리잡아온 가장 큰 이유는 시대를 초월한 삶의 지혜를 전달한다는 것이다. 동시에 이 작품은 기독교 세계, 아랍 세계, 동양 세계를 포함한 다양한 문화권의 전통에 뿌리를 둔 예화들을 통해서 지리적·종교적 경계를 초월하는 보편적이고 현실적인 교훈을 제시하고 있다.

한편 이 작품이 지닌 또다른 중요성은 문학사적 가치에

서 발견할 수 있다. 작가는 이 작품을 통해서 독창적이고 대중적인 문체를 모색하려고 노력하였다. 그 당시만 해도 라틴어로 써야만 저서의 권위가 인정되던 시기였으나 저자는 라틴어를 습득하지 못한 대중들을 위해서 스페인어를 사용해 명확하고 간결한 문체를 구사함으로써, 귀족이었던 자신의 신분을 극복함과 동시에 당시 속어에 불과했던 스페인어를 좀더 세련된 언어로 격상시켰다는 점에서 큰 의의가 있다.

또한 이 작품은 그 후에 나온 많은 작품들의 원천이 되었다. 특히 스페인 황금 세기 극작가인 깔데론 데 라 바르까(Calderon de la Barca)의 〈인생은 꿈〉(La vida es sueno), 세르반테스의 〈기적의 재단〉(El retablo de las maravillas), 셰익스피어의 〈말괄량이 길들이기〉를 비롯한 많은 작품들이 이 작품의 예화에서 소재를 얻었다고 할 수 있다.

이 책은 서울대학교 서어서문학과 대학원 수업 시간에 강독한 작품으로 수업에 참가한 사람들이 우리 독자들에게 스페인의 고전을 접할 수 있는 기회를 제공하자는 데 의견을 같이해서 일반 독자들이 쉽고 재미있게 읽을 수 있도록 예화들을 공동번역하고 새롭게 편집하였다. 특히, 반복적으로 등장하는 루카르노 백작과 빠뜨로니오에 대해서 독자의 가독성을 돕기 위해 각각 백작(루카르노 백작)과 현자(빠뜨로니오)로써 대치하였다.

 이 기회를 빌어 어려운 출판 여건 속에서도 스페인 중남미 문학을 소개하는 데 많은 관심을 기울이는 도서출판 간디서원 직원 여러분께 감사를 드린다.

2003년 6월 김창민